U0139919

意大利文艺复兴时期
八个哲学家

著者／〔美〕保罗·奥斯卡·克利斯特勒

译者／姚　鹏　陶建平

广西美术出版社

目　录

译者的话

《意大利文艺复兴时期八个哲学家》是一部学术专著，作者保罗·奥斯卡·克利斯特勒系美国哥伦比亚大学教授、研究西欧文艺复兴时期哲学的国际知名学者。除本书之外，他的较有影响的著作还有：《费奇诺的哲学》（1943年）、《文艺复兴时期人的哲学》（1948年）、《文艺复兴时期的思想》（第1卷，1961年；第2卷，1965年）、《文艺复兴时期的哲学和中世纪传统》（1966年）、《人文主义和文艺复兴》（第1卷，1974年；第2卷，1975年），此外，他还做了大量资料整理工作。

本书第一版于1964年问世，从1970年至1979年，每年重版，影响颇大。正文共八章，分别介绍了彼特拉克、瓦拉、费奇诺、皮科、彭波那齐、特勒肖、帕特里齐、布鲁诺的生平和主要哲学思想，正文后还有一篇附录，介绍文艺复兴时期哲学思想的中世纪前提。

本书介绍的八个哲学家可归入四个流派：

（一）人文主义：彼特拉克和瓦拉。作者认为，人文主义者在哲学上有两大贡献：第一，他们发掘了古代文献，使中世纪的哲学思想和方法发生根本性的变革，由此引起一系列古代流派的复兴；第二，他们减弱了哲学的宗教色彩，使其世俗性日益浓厚。值得一提的是，作者在正文和附录中都探讨了人文主义和人道主义的渊源和本来含义，这对我们今天澄清在这个问题上的一些混乱很有裨益。

（二）柏拉图主义：费奇诺和皮科。作者认为，费奇诺的柏拉图学园标志了柏拉图哲学发展史上的一个重要阶段，它固然宗师于柏拉图和普罗提诺，但它与人文主义者结成密切的联盟。中世纪后期，在基督教正统思想中亚里士多德主义的影响占主导地位，因此，柏拉图主义的复活是对经院哲学的离经叛道。

（三）亚里士多德主义：彭波那齐。作者强调指出，文艺复兴时期的亚里士多德主义与中世纪亚里士多德主义不同，前者试图恢复亚里士多德思想的本来面目，使哲学与神学分开，但是仍未达到纯粹自然主义或反宗教的观点。

（四）自然哲学：特勒肖、帕特里齐和布鲁诺。自然哲学是与科学进步同时发展起来的，它的代表人物是新体系的创立者，是近代哲学思想的先驱。他们与人文主义者和柏拉图主义者关系密切，都反对亚里士多德主义。

这本书史料丰富翔实，引据了许多我国学者难以见到的第一手材料，甚至包括一些手稿，因此，它对我国有关文艺复兴时期哲学的研究会有较大的帮助。这本书由九篇独立的论文组成，但是作者力图把这些哲学家和哲学流派联系起来考察，追溯了他们的思想渊源，探讨了他们之间的关系，指出他们对后来哲学家的影响。作者没有笼统地评价任何哲学家，而是具体地分析每一哲学体系在哲学思想史上的地位，承认其相对价值和相对真理权。作者在论述皮科时，肯定了皮科关于每一学派和思想家都在一定程度上分享一份普遍真理的见解，并把这种见解用于自己的评论中。

这本书也是有缺点的。首先，它结构比较松散，未能一气呵成。其次，作者由于考虑到人们对彼特拉克和布鲁诺比较熟悉，所以把他们写得比较简单，但我国读者对他们的哲学思想了解得并不多。

作者开宗明义地指出写作本书的目的，把它作为雅各布·布克哈特的《意大利文艺复兴时期的文化》一书的补充。他认为，布克哈特只注意研究文艺复兴时期的文化、历史等，忽视了这个时期的哲学思想，而后者在西方哲学史上占有相当重要的地位，起着承前启后的作用。文艺复兴时期哲学家们不仅整理和翻译了大量的古代文献，为近代哲学的发展铺平道路，而且他们自己也提出了许多具有近代气息的思想，对后来的哲学的发展产生了积极的影响。

这本书虽然仅仅介绍了意大利文艺复兴时期的八个哲学家的思想，但这些思想足以反映整个欧洲文艺复兴时期哲学的全貌。马克思和恩格斯都曾给予文艺复兴时期的哲学很高评价，而我国对这一时期哲学的研究一直很薄弱，主要原因之一是缺乏材料。为此，我们把这部著作全文翻译出来，并补充《人文主义和文艺复兴》一书德文版所附的"保罗·奥斯卡·克利斯特勒的著作书目"，为进一步研究提供方便。

我们在翻译本书的过程中得到葛力教授的许多指教，孟庆时老师在百忙中校阅了译稿，在此一并致谢。

姚　鹏　陶建平

序　言

这本篇幅不大的书以我1961年5月在斯坦福大学所做阿伦斯堡演讲为基础，这些演讲是由弗兰西斯·培根基金会赞助的。这几篇演讲的目的是要对文艺复兴时期意大利的思想做一个概观，它们至少部分地包括了我在过去二十年左右的时间里给哥伦比亚大学研究生讲课时多次论述的同一课题。要把整个关于文艺复兴哲学的课题用一个学程来做得体的论述显然是太大了，更不用说一次系列演讲了。所以，只好搞成一本薄薄的选论。这样，它免不了是武断的，并且受我的知识和兴趣的限制。为缓和这些不足，我只好说，我选择的这些思想家在某种程度上是具有代表性的，而且我尽可能准确地提供关于他们的材料。我在斯坦福大学的同事们也必须对这本书分担责任，因为正是他们友好地促使我来做这些演讲，并把它们出版。不过，为了给我的努力做辩护，我也许可以这样说：“这本书提供的仅仅是对一个有价值的主题的论述，但论述这一主题的英语著作是独一无二的。”人们对一些不太好的书常常是做这样的评价的。

第九篇演讲不属于这一系列，而是在其他场合做的，它被作为附录补充于后。它的内容比较一般化，也许可以当作一篇导论。但因它与主要系列重叠，并且仅涉及人文主义，而未涉及整个文艺复兴的思想，我还是乐于把它当作附录。我在康奈尔大学、敦巴顿橡树园研究图书馆、伊利诺斯大学和斯坦福大学都曾做过这个演讲，它同我已经出版的一些论文密切相关，因而在本书中对这个演讲没有注释。

在准备出版这些演讲的过程中，我彻底地修改了它们的风格，而一般内容则几乎保持原样。根据从斯坦福出版社和它的读者那里接受的有价值的建议，我补充了一些注释和一个参考书目。显然我不可能对这种性质的书提出一个完备的文献证明，但我至少是尽力地指明了我的说明所依据的一些材料来源，而且我乐于鼓励读者，尤其是学生去就这一课题做进一步的广泛阅读。凡是从本书所讨论的作者那里引用的话，大部分是我自己翻译的，但在注释中均指明原著版本和最容易得到的英译本。有些地方，我在注释中引用了拉丁文或意大利文原著，因为我认为译文仅仅是不完善的代用品，总是希望强调要把握原著在含义上的细微差异，把握它的术语和措辞。各章注释所用方法不同。在引用特勒肖、帕特里齐这样一些以清楚连贯的方式论述自己的题目的作者的原话时，我常常就简单地指出原文本身的章节，在脚注上不提供精确的出处。而对那些思想零散没有系统发挥的作者，就须精确地注出具体的段落或句子。在费奇诺的那一章中，我大胆提到了我论述他的著作。在那部著作中，对他的观点的讨论以及有关的文献证明，都比本书做得更加充分。我关于布鲁诺的清楚注释只限于他的主要的意大利文对话。

虽然，我的许多评论批评了其他学者的观点，至少是含蓄的批评，但是在本书中我还是力图避免争论。也许我应该为大量的附带性的说法表示歉意，这些说法在当时是有助于使这些演讲活泼、有生气的，人们也鼓励我出版时保留这些内容。

　　我要感谢我斯坦福大学的同事们，他们对此书的出版颇感兴趣并积极赞助，尤其应感谢约翰·戈亨教授、理查德·琼斯教授、约翰·莫特亚德教授、劳伦斯·赖安教授、帕特里克·萨普斯教授以及维吉尔·怀特克教授。我对斯坦福大学出版社，尤其是对J.G.贝尔先生和波琳·威克汉小姐的建议和关心深表感激。查尔斯·B.施米特教授和查尔斯·特兰考斯教授所提供的一些重要的参考书使我受惠不浅。我也受惠于哥伦比亚大学小约翰·H.兰德尔和哈佛大学图书馆W.H.邦德先生，因为他们在关键时刻使我能够得到为完成本书所必不可少的一些书。

保罗·奥斯卡·克利斯特勒
纽约哥伦比亚大学
1964年1月4日

第一章 彼特拉克

自雅各布·布克哈特的著名论文《意大利文艺复兴时期的文化》的发表到1960年，已经整整一百年过去了，从某种意义上讲，在1960年，我们是在庆祝开创文艺复兴研究的一百周年。回顾百年来这个领域中学术研究的进展，我们可以看到令人眼花缭乱的形形色色的观点和解释，同时，也可以看到新的材料和新的观点引人注目地积累起来了，当然这些工作还远未完成。布克哈特所描绘的图景已发生了显著的变化，但他的著作尚未被内容同样广泛的综合性著作所取代，而且，现在许多学者都承认，虽然布克哈特的观点在许多方面显然需要纠正和补充，但是他观点的核心部分仍然是有效的。

布克哈特留给他的后继者的大量问题之一是意大利在文艺复兴时期的地位问题（我们想把这一时期粗略地限定在14世纪初至16世纪末）。有鉴于布克哈特把他的研究局限于意大利，那些对该时期欧洲其他国家的贡献感兴趣的历史学家就不得不来确定这样的问题：这些贡献在什么程度上应归功于本国的发展，或在什么程度上应归功于意大利的影响？布克哈特关于这一时期的意大利居于无可匹敌的重要地位的基本主张几乎是没有疑义的。正是由于这一事实，也由于我知识的局限性，可以说，我把我的这些演讲局限于几位意大利思想家的这个决定也许是正确的——虽然人们很容易在其他国家找出一些同样值得我们注意的文艺复兴时期的思想家。

在文艺复兴研究的更为广泛的领域中，这个时期的哲学思想一直是人们比较忽视的方面。研究这个时期的一般学者，包括布克哈特本人在内，都倾向于注意这一时期的政治和宗教的历史，或者注重这一时期在文学艺术和科学以及对古典作品的研究方面的贡献，而较少注意这一时期的哲学。另一方面，哲学家们在研究哲学史时，因循传统，把目光集中在古代哲学和现代哲学上，只是最近才开始注意中世纪的思想。菲奥朗提诺〔Fiorentino〕、狄尔泰〔Dilthey〕、卡西尔〔Cassirer〕、金蒂利〔Gentile〕、加兰〔Garin〕、纳蒂〔Nardi〕，还有其他许多学者，在研究文艺复兴时期的思想方面做了大量工作，但是，他们的工作成果还没有被充分地吸收到普通哲学史教科书或哲学史课程中去。进一步说，这些学者本身也远没有对这一课题做详尽无遗的研究。

造成这种状况的原因并不难以见到。文艺复兴时期的哲学文献并没有提到诸如柏拉图、亚里士多德、托马斯·阿奎那和笛卡儿那样一些毋庸置疑的大哲学家的名字。此外，哲学的含义、哲学与其他门类知识的关系也都随着历史的变化而不同，倘若我们完全按照一些现代思想学派（不论是实用主义、分析哲学，还是存在主义、新托马斯主义）来解释哲学的内容和任务，那么就会使本来构成哲学史重要组成部分的过去思想的广大领域变得与哲学史无关。另一方面，一个想要从所有的表现形式来理解一个时期的风格上的统一性的文化史家，也许会对该时期的职业哲学家产生不耐烦，因为这些哲学家使用的某些术语、关心的某些专门问题，似乎使他们与其他时代的哲学同事的联系比与他们那个时代的舆论的联系更为密切。

虽然有这些困难，我相信，无论是研究文艺复兴的学者还是研究哲学及其历史的学者，对研究文艺复兴时期哲学的兴趣，都将持续下去，甚至还会增强。因为，文艺复兴时期的哲学思想为理解该时期的艺术、文学、宗教和科学提供了重要的借鉴和根据，并有助于哲学史家理解那些诸如使培根、笛卡儿与阿奎那、奥卡姆区分开来的观点的不同之处。为了讨论这个时期几个较为重要的思想家，我涉及的仅仅是广阔而复杂的领域的一隅，这个广阔而复杂的领域包括大量补充性的和部分地尚未被涉猎过的领域。

在这一时期，对哲学思想史发生影响最早和最普遍的文化运动是文艺复兴人文主义。近年来，人们对这个运动的意义有过许多争论和误解。假如我们要正确理解这个运动，首先就必须设法忘掉那种强调人的价值的相当含糊不清的次要意义。人的价值这个术语是人文主义从现代语言中获得的。而且，为了把握人文主义对于文艺复兴时期的意义，我发现从人文主义这个术语（它是在19世纪早期被提出来的）回溯到人文主义者和人文学科这两个术语是很有帮助的。人文主义这个词就来自人文主义者和人文学科这两个词，并且，这两个词是在文艺复兴时期实际上被使用的词。从这个时期的资料中可以清楚地看到，人文主义者就是讲授人文学科的人，而人文学科这个词则代表了一组学科，它由语法、修辞学、诗学、历史和道德哲学组成。

从这一定义中可以明显地看到，文艺复兴时期的人文主义就是上述意义的人文学科的伟大兴起和发展；人文主义对其他文化领域，诸如文学、艺术、科学、宗教可能产生的任何影响必定都是间接性的。

此外，我认为用所有人文主义者都具有的一套特定的哲学思想给文艺复兴时期的人文主义下定义是不可能的，或者也不能完全把人文主义看成一个哲学运动，更不用说像最近许多学者已经试图做的那样，认为人文主义就是文艺复兴时期的全部哲学。人文主义者的大部分著作，不是哲学的（即使从这个词的最广泛的意义上讲），而是博学的或者说是文学的。许多身为著名学者或作家的人文主义者甚至对伦理学这样的哲学的分支也没有做出什么有意义的贡献，而伦理学是被看作他们研究范围的一部分的。另一方面，在他们研究领域以外的哲学学科，如逻辑、形而上学或自然哲学，曾对之做出直接贡献的人文主义者，比较起来就微乎其微了，而那些在这些领域中进行了主要工作的思想家们，尽管时常深受人文主义者的影响，就是说接受了古典的和文学的训练，但是也不能简单地给他们贴上人文主义者的标签，归到人文主义者的行列中去。最后，如果我们比较一下不同的人文主义者所做的工作，就会得出这样的结论：他们的观点和思想是非常不一样的，而他们的共同特征则表现在一种在教育、学问和文体方面的理想上，表现在他们研究的问题和兴趣范围上，而不是表现在他们忠于任何一套特定的哲学或神学的观点上。

　　换言之，如果我们要对文艺复兴时期人文主义者做出正确评价，那就应该认识到他们是学者和作家，也是思想家，他们对哲学所做的贡献——这必然是我们作为哲学史家的主要关注点——一定夹杂有其他的非哲学的成见或影响。我认为，一个哲学家同时还从事其他智力方面的研究本是无可非议的。然而，不知为什么，我们对于一个哲学家同时也是神学家或科学家这种现象更习惯一些。不过，我们必须记住，还有一些哲学家，他们的业余兴趣是博学和文学，而不是神学和科学，文艺复兴时期的人文主义者的情况正是如此。

因此，除了文艺复兴时期人文主义奉献给哲学史的特定的哲学思想，我们还可以对这一时期的人文主义所给予哲学史的强有力的间接影响做一评价。如果现代哲学家一直能写出许多文章、演讲稿、论文和论著，而不是提问题，做评论，那么他们就是不知不觉地在现时代坚持了发端于文艺复兴的人文主义的传统。如果他们不仅能读到亚里士多德著作的译本和阿奎那的著作，又能读到亚里士多德的原著以及柏拉图和其他希腊哲学家的原著或译本，那么他们正是受惠于文艺复兴时期人文主义者为丰富这些哲学书籍所做的大量工作。

我们将选择几位文艺复兴时期的思想家，对他们进行全面的评述。彼特拉克就是我们所要评述的第一个人，他通常被人们称为文艺复兴时期人文主义的创始人，但我宁愿把他称为这个时期人文主义的第一个伟大代表，他可能是对该时代思想有着重要影响的最早的人文主义者。弗兰西斯科·彼特拉克1304年出生于阿雷佐［Arezzo］的一个被流放的佛罗伦萨人的家庭，八岁那年被带到阿维尼翁。在蒙培利埃［Montpellier］和波洛尼亚［Bologna］城学习法律之后，1326年至1353年他是在阿维尼翁度过的。当时阿维尼翁是教皇教廷的所在地。在这时期，他多次长途旅行到意大利。1353年移居意大利，主要居住在米兰、威尼斯和帕多瓦，他在自己的祖国度过了余生。1374年他死于帕多瓦附近的阿尔卡［Arquà］。他曾担任过有薪俸收入的基督教牧师的职务，还受到科伦纳家族和维斯康提家族的庇护，据说他曾经给这两个家族当过秘书。

在现代，彼特拉克的声誉主要来自他的意大利文的诗歌，这些诗篇确立了他在文学史上的显赫地位。然而，对彼特拉克本人和他的同时代人来讲，同样地，对直到16世纪以后的几代人来讲，他的大量的拉丁文作品像他的意大利文诗歌一样重要。这些拉丁文作品的形式和内容丰富多彩，在某种意义上可以说是人文主义文学的代表。这些作品包括拉丁文诗歌、演说稿、论战文章、少量历史著作和大量书信，这些书信像他的其他文学作品一样，是由彼特拉克细心地保存、收集并编辑的。

他的最后一批著作属于道德哲学，所以直接与本文有关。其中包括这样一些著作：1366年写的对话集《论好和坏的命运的补救法》（以下简称《论命运的补救法》）；1358年以前完成的论文《论我的焦虑的秘密冲突》，即著名的《秘密》；1356年写的《论隐居生活》和1367年写的《论他自己的和许多其他人的无知》（以下简称《论无知》）。

我们必须从这些没有条理的、系统性不强的作品和他的书信中，寻找彼特拉克的哲学观点。他的许多思想是一些倾向和愿望，而不是成熟的观点和学说。这些不成熟的思想是与他的广学博识、他的情趣和感情密切联系在一起的。尽管如此，他的这些思想仍然是重要的。这一方面是由于彼特拉克自身的缘故，另一方面是由于他的这些思想对后来数代人文主义者产生了极大影响。彼特拉克的思想从来不是以系统的方法阐述的，因此我们必须设法从许多散见的论述中，把他的思想重新勾画出来。

彼特拉克思想的一个重要方面就是对经院主义（即中世纪后期的大学中的那种学究式的研究）所报的敌视态度。这一方面为后来直到斐微斯［Vives］的许多人文主义者所发展。他攻击占星术，同样也攻击逻辑学和法学，并把自己的全部著作都用于批判医生和亚里士多德派的哲学家。虽然这些攻击实际上无所不及并富有启发性，但却远没有深入他所攻击的那些学科的专门问题和方法，这些攻击带有强烈的个人和主观的色彩，并且反映了彼特拉克与这些领域的代表人物之间的个人冲突和敌对，而不是在一些具体问题或论点上的差异。彼特拉克反对亚里士多德及其阿拉伯注释家阿威罗伊的权威，但他这样做是出于个人的好恶，并非基于客观的理由。当他批判了关于世界永恒、在现世生活中可臻完满幸福以及所谓双重真理说时（即当时许多亚里士多德学派哲学家所主张的关于亚里士多德哲学和基督教神学都各自有效的理论），他的主要论据是这些理论与基督教神学相矛盾。

彼特拉克反对中世纪科学的积极意义，既不在于一种新的科学，也不仅仅在于宗教信仰，而在于对古典文化的研究，这是他从早年起就一直怀着极大热情去追求的。彼特拉克一生中都是古代拉丁文作者热心而勤奋的读者：他抄写、收集和注释他们的著作，并试图订正他们的原文，设法吸收或采用他们的文体和观点。当他遇到西塞罗给维罗纳〔Verrona〕的阿提康斯〔Atticus〕的信时，他重新发现这些在过去许多世纪几乎无人知晓的古典原著，这样就推动了一系列类似的再发现。波吉奥〔Poggio〕和后来一些人文主义者由此而出名。阅读古代拉丁文作品，参观罗马古迹，也使彼特拉克像许多其他的意大利人文主义者一样激起了对罗马共和国和罗马帝国伟大政治的怀念，并且，渴望恢复这种伟大政治的愿望就成为引导他与教皇和皇帝、与科拉·迪·里恩佐〔Cola di Rienzo〕、与形形色色的意大利政府来往的中心政治思想。1341年，当他在卡皮托利[1]戴上诗人桂冠时，他认为古罗马的荣誉在自己身上得到了复活。因此他的历史著作和一些诗歌都采用了古罗马题材，在自己的诗歌和散文中采用了古代文风，并模仿古典拉丁文作者的语言和文体。

在诗人中，彼特拉克最欣赏的是维吉尔〔Vergil〕，他模仿

1　卡皮托利，罗马丘比特神殿所在地。——译者

后者写了诗歌《阿非利加》，他在《秘密》第2卷里，用比喻方式来解释维吉尔的《爱涅德》［Aeneid］。这种做法是从中世纪前驱那里继承下来的，也为像克利斯托福罗·兰迪诺［Cristoforo Landino］等后来的人文主义者所承续。在古拉丁文散文家中，他最喜欢西塞罗和塞涅卡。彼特拉克的书信和论文《论命运的补救法》的文体和内容都受塞涅卡的作品或认为是他的作品的影响。甚至他对论辩术和经院主义学问的其他门类的攻击以及对道德问题的强调，似乎也效法了塞涅卡在《论道德书信》中论及早期斯多葛派学者机敏的论辩术时所表达的那种比较温和的怀疑主义。彼特拉克对道德训条以及他为死亡而哀思的爱好，与其他古典作家比较来说也和塞涅卡更为相近。他自己著作中的斯多葛主义的观念显然受塞涅卡的影响，这在《论命运的补救法》中的道德之神和命运之神的冲突，理性和四种激情的对比以及在《秘密》一书中关于美德和幸福的联系等的论述中都有表现。

　　彼特拉克对西塞罗怀有更大热情。在《论无知》（简称）这篇论文中，他引用西塞罗的整段话，并仿效圣杰罗姆的名言，称自己是西塞罗主义者。[2] 他的对话的文体形式和他对于希腊哲学的许多知识都来自西塞罗。我们甚至可以说，不仅彼特拉克和其他人文主义者典雅的文体，而且他们难以捉摸的和时而肤浅的推理方式也都是模仿西塞罗和塞涅卡的结果。

　　由于古代哲学主要来源于古希腊人而不是古罗马人，因此，了解彼特拉克对古希腊文明的态度和他对这种文明有多少知识是十分重要的。像后来的许多人文主义者一样，彼特拉克并不了解罗马文明受古希腊人影响的程度，但是他不能不注意到在他所喜

2　彼特拉克，《论他自己的和许多其他人的无知》，L. M. Capelli编（巴黎，1906年版），第77页，H. Nachod译，收在E. Cassirer等人编辑的《文艺复兴时期的人的哲学》（芝加哥，1948年版），第113页。

欢的那些罗马作家的著作中存在着大量有关希腊的资料。因此他试图学习希腊语，但是，显然他没能达到阅读希腊作者原著的水平。他还得到了《荷马史诗》的希腊文手抄本，这个手抄本被当作《荷马史诗》最早的拉丁文译本的依据。中世纪的希腊文的拉丁文翻译家一向集中注意神学、科学和亚里士多德的哲学。但是，由于建议翻译《荷马史诗》，彼特拉克就为对古希腊诗歌和文学的新人文主义兴趣开辟了道路。

在某种程度上可以说，彼特拉克对希腊文的一般了解以及对希腊文学的较大的好奇心，似乎必然也影响到他的哲学观点和思想倾向。他不但有一本柏拉图著作的希腊文手抄本，并且，在他学习希腊语时，好像也读过一些柏拉图的对话。他宣称自己读过当时能够得到的柏拉图著作《蒂迈欧篇》和《斐多篇》的拉丁文译本。他能够从西塞罗和其他拉丁文作家那里找到某些关于柏拉图理论的材料，补充了他关于柏拉图对话的有限知识。这样，他了解到柏拉图把灵魂三分为理性、勇敢和欲望[3]的理论，并且附和柏拉图的观点，认为人的道德日标应该是排除激情，使灵魂纯洁。[4]

彼特拉克相信柏拉图是最伟大的哲学家，比中世纪思想家的主要权威亚里士多德还要伟大。对于他，这个总的信念要比接受柏拉图任何具体理论更为重要。彼特拉克在《论无知》的那篇文章中说，柏拉图是哲学宗师。[5]柏拉图是被比较伟大的人物所赞颂，而亚里士多德只是为数量较多的人所称赞。[6]彼特拉克在《名誉的胜利》中提到几位最杰出的哲学家，他这样说："我转向左

3　《秘密》，第2卷（彼特拉克《散文集》，G. Martellotti等人编辑，米兰和那不勒斯，1955年版），第122页。

4　同上书，第98页。

5　《论无知》，Capelli编辑本，第72页（Nachod译本，第107页）。

6　同上书，第75页（Nachod译本，第111页）。

面看见柏拉图，他在那群人之中来到了最接近目标的地方，这个目标是受到上帝准许的人才能达到的；然后，才华横溢的亚里士多德来了。"[7]彼特拉克的这些话表述了文艺复兴时期人们对柏拉图的看法，正如人们常引用的但丁那行诗句——"我们所知道的大师"——表达了对中世纪亚里士多德主义的看法。[8]彼特拉克的"柏拉图主义"是一个纲领，而不是一个学说，是一种愿望而没有实现，然而它是一个开端和前提，它为后来的发展指明了道路：为人文主义者翻译柏拉图的著作指明了道路，为佛罗伦萨学园的柏拉图主义思想指明了道路。当16世纪初拉斐尔画他的《雅典学园》时，柏拉图已经取得了与亚里士多德同样的地位，已经同他一样闻名于世了。

上面从《名誉的胜利》中引用的几行诗句已经表明，彼特拉克仅仅把亚里士多德置于第二位，但远非蔑视他。彼特拉克坚持认为，他了解亚里士多德，尤其是他的《伦理学》。并且，他猜想亚里士多德本人可能高于他在中世纪的翻译家和注释家心目中的形象。"我承认我非常不喜欢他的那种以拉丁语出现的文体，然而，我从希腊文的材料和西塞罗那里知道，在他本人的语言中，他的著作是非常悦耳、典雅和华美的……然而，由于翻译家的粗俗和嫉妒心，流传给我们的却是穿着粗糙简陋外衣的亚里

---

7 "Trionfo della fams"，第三章，第4-7行。
8 但丁《神曲·地狱》第四章（见人民文学出版社，1980年版，第19页——译者）：
　　我再抬头看得远些，
　　则看见一个大师（指亚里士多德——译者）坐在哲学家的队里：
　　大家望着他，大家尊敬他，
　　这里我看见苏格拉底和柏拉图，
　　他二人最靠近大师。
　彼特拉克伪造和修改但丁的这几行诗似乎是有意识的。比较但丁和彼特拉克这一段诗，可参见G. Di Napoli的L'immortalità dell'anima nel Rinascimento（都灵，1963年版），第62页。

士多德。"[9]在攻击经院哲学的对手时，彼特拉克指责"他们坚持的只是通过传闻所了解的亚里士多德……并且任意曲解他的正确词句，使其含义别扭难懂"[10]。彼特拉克并不知道西塞罗所称赞的亚里士多德文体系指亚里士多德佚散的通俗著作而言，他的希腊原文的广博的哲学著作并不悦耳、典雅和华美。但是彼特拉克又一次提出了一种看待亚里士多德的新态度，这种态度在15世纪和16世纪的埃尔莫劳·巴巴罗〔Ermolao Barbaro〕、梅兰西顿〔Melanchthon〕、雅可波·扎巴列拉〔Jacopo Zabarella〕和其他一些人的思想那里确立了。后来，人们就根据希腊文本，结合其他希腊哲学家和著作家来研究亚里士多德。并且，亚里士多德著作的中世纪译本也为新人文主义的译本所取代（亚里士多德著作的英译本可以表明，就这位著者的权威性和难度而言，这是一个非常艰巨的任务）。中世纪阿拉伯和拉丁注释家应让位于古希腊注释家以及那些能够阅读和理解亚里士多德原文著作的现代的文艺复兴的解释者。因此，彼特拉克是文艺复兴时期亚里士多德理论的先知，正像他是文艺复兴时期柏拉图理论的先知一样。

虽然彼特拉克把古典作家和中世纪传统对立起来，但是他绝不能完全与刚刚过去的一切决裂。人们曾时常强调他的思想的过渡性，他的著作中甚至还有些经院哲学的痕迹。更为重要的是他对基督教的态度。宗教信仰和宗教虔诚在他的思想和著作中居核心地位，并且也没有丝毫理由来怀疑他的陈述是否真诚。假如在宗教和古代哲学之间发生冲突的话，他将站在前者的教旨一边。他说："我的心灵的最深处是与基督在一起的。"[11]他还说："当这颗心灵思考或谈到宗教时，即在思考和谈到最高真理、真

9　《论无知》，第67页（Nachod译本，第102页）。
10　《论无知》，第71–72页（Nachod译本，第107页）。
11　同上书，第77页（Nachod译本，第113页）。

正幸福和永恒的灵魂的拯救时，我肯定不是西塞罗主义者或柏拉图主义者，而是基督徒。"[12] 所有哲学家的意见只有相对的价值。"为了真正地进行哲学探讨，我们首先必须热爱和崇拜基督。"[13] "做一个真正的哲学家就是做一个真正的基督徒。"[14]《秘密》是一部彻头彻尾的基督教的著作，在这本书中，彼特拉克把自己内心深处的情感和活动交给宗教仔细审查。他的《论命运的补救法》中对死亡的沉思、在来世生活面前的谦卑和坚持认为尘世一切善恶皆空的思想，都同样表明这是一本基督教的甚至是专属中世纪的书。他的《论僧侣的悠闲》的论文羁禁欲主义传统，甚至他的以真正的、纯粹的宗教名义对经院哲学的驳斥，也承继和重新肯定了在彼得·达米安尼［Peter Damiani］和圣贝尔纳德［St. Bernard］的著作中表现出来的部分中世纪宗教思想。彼特拉克在《论无知》的那篇文章中，甚至无情地反对他的经验哲学的对手们的那些看来是非宗教的观点。

一些历史学家从表面上来估计这些陈述的真意，使他们得出夸大其词和自相矛盾的看法，认为文艺复兴时期的人文主义事实上是基督教和天主教对中世纪亚里士多德主义固有的异端倾向的反动。我们不能苟同这一见解，我们可以说，彼特拉克是一个清楚的例子，说明人文主义者能够既反对经院哲学，同时仍保持其基督教信仰，能够把自己的古典学识和宗教信仰调和起来。因而彼特拉克乃是"基督教人文主义"早期的意大利先驱，这种基督教人文主义已由近代历史学家在柯莱特［Colet］、爱拉斯谟［Erasmus］、莫尔［More］和另一些北方学者[15]在研究中强调指

12　《论无知》，第78页（Nachod译本，第115页）。
13　彼特拉克，*Epistolae Rerum Familiarium*，第6卷第2册（V. Rossi和U. Bosco编辑本，1933—1942年，佛罗伦萨版第2卷，第55–60页）。
14　同上书，第17卷第1册（V. Rossi和U. Bosco编辑本，第3卷，第221–230页）。
15　北方学者系泛指意大利以北的欧洲诸国的学者，不仅指北欧。——译者

出了。相当奇怪的是，一方面，有个著名的中世纪史专家居然也坚持主张，从根本上讲，经院哲学是基督教的，文艺复兴时期是没有上帝的中世纪；另一方面，人们要在经院哲学家的著作中寻找关于一种基督教哲学的概念是徒劳的（对于经院哲学家们——其中包括托马斯·阿奎那——来讲，神学就是基督教的思想，哲学就是亚里士多德学说，问题是如何把两者调和起来）；人们只能在一些早期基督教作家的著作中，在文艺复兴时期基督教人文主义者彼特拉克和爱拉斯谟的著作中找到这样一种概念。

　　另一方面，后期人文主义者要把他们的宗教信仰和古典学识结合起来，在这里，彼特拉克的态度也具有典型性。后期人文主义者认为，早期基督教作家，尤其是教父，是基督教的古典学者（后期人文主义者很乐于阅读这些学者的著作），他们只是与非基督教的古典学者在一起，而不与经院神学家为伍。后期人文主义者把他们从研究古代作家时发展起来的编辑、翻译和注释的学术方法也使用于对这些基督教古典作家的研究。就彼特拉克来说，圣奥古斯丁则是他特别喜爱的基督教作家，在他的思想和著作中占有特殊的重要的地位。彼特拉克的著作从头到尾引文很多，但只举出两个显著的例子就够了。他在《秘密》中，用基督教的观点审视了自己的一生，这本书采取作者和圣奥古斯丁对话的形式，后者担任着精神引导者或作者自己良心的角色。在彼特拉克记述他攀登文图克斯山峰那封著名的信中，他告诉我们，当他到达山顶，想要表达自己被奇异的景象唤起的感受时，便从口袋里掏出圣奥古斯丁的《忏悔录》，随意打开书，就看到了非常适合描写此时情景的一段话。[16]

16　彼特拉克：*Epistolae Rerum Familiarium*，第4卷第1册（Martellotti编辑本，第830–844页；Nachod译本，第44页；V. Rossi和U. Bosco编辑本，第1卷第153–161页）。

彼特拉克既有中世纪的特征，又具有现代的气息。有一次他曾经讲到，他自己好像站在两个国家的边境上一样，既前瞻又后顾。[17] 我们已讨论了彼特拉克所受的古代的和中世纪的影响，现在我们必须描述一下在他的思想和态度中的现代因素。我认为，这些因素之一是他所有的著作中所突出具有的个人的、主观的和似乎是个人主义的特性。他谈论各种不同的事物和思想，但基本上总是在谈论自己，谈论他读的书和自己的感受。这种高度的自我意识在他的《秘密》和他的书信中表现得尤为明显。我们也许可以说，彼特拉克和后来大多数人文主义者都赞成把书信作为一种文学体裁，因为书信使他们能够用第一人称来谈任何事情。彼特拉克著作的主观性质指出了后来大多数人文主义思想和文学的一个值得注意的特征。这个特征在最后的也是最富于哲理性的人文主义者之一、米切尔·德·蒙台涅的著作中得到了最为充分的表现，他事实上要说明的是，他的自我构成了他哲学探讨的主题。

另一个典型的文艺复兴的态度是追求名誉。布克哈特在他的著作中对此做过一些给人以深刻印象的描绘。彼特拉克在《秘密》和《论命运的补救法》中指责了这种追求，但是，他在这里所说的话以及他自己生活的记录都表明他也很喜欢名誉。好奇心和喜欢旅行更是他特有的性格。在他的许多信中都记载了他自己的旅行经历和观感，在记述攀登文图克斯山峰的那封信里，他告诉我们他的这次旅行"只是出于想看一下这个地方的异乎寻常的高度"[18]。有个著名的科学史家对彼特拉克的首创性表示怀疑，

17　*Rerum Memorandarum Libri*，第1卷，第19章，第4段（Billanovich编辑本，第19页）；参阅T. E. Mommsen的*Medieval and Renaissance Studies*（E. F. Rice编辑，纽约，1959年版），第128页。

18　*Epistolae Rerum Familiarium*，Martellotti编辑本，第830页（Nachod译本，第36页）。

因为中世纪哲学家布里丹［Buridan］比彼特拉克早好几年就登过同一山峰。[19] 我不同意这种看法。首创性不仅在于我们做了什么，而且还在于以什么方式做的，在于我们这样做的时候是怎样想的。布里丹和彼特拉克固然都登上了同一山峰，但是他们的精神是不同的。布里丹是要进行气象观测，因此，他也许可能成为现代科学探索者的先驱。而彼特拉克却只是去开阔视野，饱饱眼福，因此他是现代旅游活动的先驱，对这个活动我们至少应承认它有相当的经济上的重要性。

彼特拉克遗赠给现代作家的其他态度还有：他喜好孤独和忧郁。《论隐居生活》和一些书信都通篇充满了对隐居的称颂，他不厌其烦地称赞他在阿维尼翁附近的沃克吕兹［Vaucluse］和后来在阿尔卡过隐居生活的乐趣。世所公认，独居的理想已经体现于中世纪修道生活的传统中，彼特拉克事实上就举出僧侣和隐士的那种生活为例。但是，他的理想与僧侣不同，而是和学者或作家的理想相同，到乡间去，远离城市，远离喧嚣和骚乱，过着无人丁扰，自由地读书和思考的生活。我们充其量只能说，彼特拉克把修道院的隐居理想变成世俗和文学上的理想，直到现代，隐居的理想一直以这种形式被许多诗人、作家和学者所喜爱，他们仍然喜欢草地、森林、湖边、河畔，讨厌闹市和公路，甚至象牙之塔。

彼特拉克留给现代作家的另一份礼物是他的忧郁倾向。他易于为各种情绪所激动，他的这些情绪在他的诗歌和书信中都强烈地表现出来了。在《秘密》一书的一段著名的话中可以看到，他特别关心自己的忧郁情绪。他谈到他的"冷漠迟钝"是自己经常

---

19 L. Thorndike, "Renaissance or Prenaissance?", *Journal of the History of Ideas*，第5卷（1943年），第71–72页。

的一种精神状态，他的基督教的良心——圣奥古斯丁则规劝他要克服这种状态。[20] 他还指出，"冷漠迟钝"是中世纪一系列恶习之一，是僧侣特别易染的恶习。这个中世纪的术语在现代通常解释为"懒惰"。此外，彼特拉克把曾是修道院特有的生活方式变成仅仅属于世俗作家所特有的体验。同时，那曾被认为十足罪恶的东西，这时却揭示出其积极的一面，虽然就像对待名誉的热情那样，它仍被彼特拉克的宗教良心所拒斥。"冷漠迟钝"被定义为痛苦和快乐的混合。[21] 这一说明导致许多学者认为彼特拉克说的"冷漠迟钝"不是懒惰（懒惰怎么能叫作痛苦呢？更何况痛苦怎能又混有快乐呢？）而是忧郁。[22] 认为痛苦是与快乐混合在一起的，这一点是十分难得的坦率。它告诉我们，忧郁的学者和诗人在受苦的同时，还享受着这种痛苦的快乐。彼特拉克必将有许多具有这种微妙复杂感情的追随者，他们大多数还是更乐意讲他们的痛苦而不是承认痛苦也是一种享受。这样，彼特拉克的贡献就不仅在使知识内容世俗化，而且在使学者和作家的个人处世态度世俗化。然而与他的后继者不同，彼特拉克由于受宗教顾虑的牵制，就显得踌躇犹豫。

除了这些一般的态度，至少还有一种理论性更强的问题，对此问题彼特拉克的系统观点与后来许多人文主义者的观点是十分亲近的。他坚持主张人以及人的问题应该是思想和哲学的主要对象和关心点。这也是对他重视道德哲学的正当证明，他批判他的亚里士多德派对手的经院科学，主要在于他们提出一些毫无用处

20　《秘密》，第2卷（Martellotti编辑本，第106—128页）。

21　同上书，第106页。

22　E. H. Wilkius，"On Petrarch's Accidia and His Adamantine Chains"，*Speculum*，XXXVII（1962年），第589—594页；S. Wenzel，"Petrarch's Accidia"，*Studies in the Renaissance*，VIII（1961年），第36—48页；K. Heitmann，*Fortuna und Virtus：Eine Studie ZU Petrarcas Lebensweir shei*（科隆和格拉茨，1958年版），第102—104页。

的问题，而忽视了最重要的问题，即人的灵魂。当他登上文图克斯山顶峰并打开圣奥古斯丁《忏悔录》的手抄本时，他找到并引用了这样一段话："人们赞赏山岳的崇高，大海的波涛，海岸的逶迤，星辰的运行，却把自身置于脑后。"[23]然后，他接着说："我恨自己，因为我仍然赞赏尘世之物，我早该从非基督教哲学家（即塞涅卡）那里了解到，除了灵魂没有任何东西值得赞赏，对伟大的灵魂来说，没有任何东西是伟大的。"[24]这些话是彼特拉克自己说的，并表达了他自己的思想，但就其特征来说，它们与奥古斯丁和塞涅卡的语录是交织在一起的。

同样，他在《论无知》的那篇文章中说："即使所有那些事情都是真实的，它们对幸福生活来说也无关紧要。因为我了解动物、鸟类、鱼类和蛇类的本性，而忽视或蔑视人的本性、人生的目的以及人们的来处和归宿，这对我又有什么益处呢？"[25]

在这里，我们第一次发现对人的重视，这将在法奇奥〔Facio〕和曼内蒂〔Manetti〕的文章中得到雄辩的说明，并且在费奇诺和皮科的著作中将给出它的形而上学和宇宙论基础。这就是为什么从萨留塔蒂〔Salutati〕开始的那些人文主义者在他们的研究中采用"人文学科"这一名称的原因：表明这一学科对于人和人的问题的意义。[26]在彼特拉克要确立反对自然科学的道德原则的倾向的背后，还有塞涅卡和圣奥古斯丁的影响，也有西塞罗陈述的影响，即认为苏格拉底已经把哲学从天上带到人间。当

23　Martellotti编辑本，第840页（Nachod译本，第44页）；参见奥古斯丁《忏悔录》第5卷，第八章。

24　同上书；参阅塞涅卡的《致卢奇里论道德书》第8卷，第5节。

25　Capelli编辑本，第24–25页（Nachod译本，第58–59页）。

26　西塞罗，*Pro Murena*，第29、61节，*Pro Archia*，第1、3节，参阅：*De Re Publica*，第一卷，第17、18节，杰利〔Gellius〕，*Noctes Attae*，第13卷，第17节；C. 萨留塔蒂，*Epistolario*，F. Novati编辑，第4卷，第一部分（罗马，1905年版）。

彼特拉克讲到人和人的灵魂的时候，他同时还论及了天国的生活和永恒的拯救，把明显的基督教色彩加在他对道德和人类的看法上。他在《论无知》中说："对拯救有了足够的认识就可以了。"[27] 在这一著作的另一处，他坚持认为：哲学的主要目的是认识上帝，"认识上帝，不是认识诸神，这就是真正的和最高的哲学"[28]。因而他就用显然是圣奥古斯丁的方式把认识人和认识上帝连接起来，并且还讨论了一个根植于圣奥古斯丁的经院哲学的重要问题，即意志和理智何者居先的问题。"培养善良虔诚的意志比培养有能力和聪明的智力要安全。意志以善为对象，理智的对象则是真理。意欲求善优于认识真理。……因此那些把时间用在认识上帝上而不用在热爱上帝上的人是错误的。因为人之一生无论如何不能完全认识上帝，但是人们能够虔诚地热爱上帝。……诚然，人们不能热爱完全不了解的东西。可是，我们对上帝和美德的认识达到一定程度（因为我们并不能超越这个程度来认识它们）也就足够了。只要我们认识到上帝是一切善的源泉，依靠他、通过他、在他之中，我们就是善的（就我们是善的而言），并且认识到美德是仅次于上帝的最好的东西。"[29] 彼特拉克清楚地讨论了意志和理智这个经院哲学的问题，甚至因袭圣奥古斯丁的传统，就像在他之后的人文主义者和柏拉图主义者那样，在解决这个问题时赞成意志高于理智。

　　彼特拉克是伟大的诗人、作家和学者，根据他在哲学思想史中所扮演的角色来看，他显然是一个有歧义的和过渡性的人物。他的思想是一些愿望而不是已经成熟的观念，但后来的思想家系统地阐发了这些愿望，并且最终转变成为更为精致的观念。

27　Capelli编辑本，第90页（Nachod译本，第126页）。

28　同上书，第45页（Nachod译本，第80页）。

29　同上书，第70页（Nachod译本，第105–106页）。

可以把他的理智纲领用他曾在《论无知》中用过的一个公式概括起来：柏拉图的智慧、基督教的信条和西塞罗的雄辩。[30] 他的古典的修养，他的基督教的信仰以及他对经院哲学的抨击，这些都具有个人的和某种程度上的近代性质。同时，他说的每一件事都弥漫着古典文化的影响，并且时常充满中世纪思想的残留痕迹。旧东西和新东西错综复杂地纠葛在一起，因此我们应该避免像人们常做的那样去仅仅强调一个或者另外一个方面。我们甚至不能说，根据他自己的思想，旧东西是不重要的，只有新东西是重要的。假如我们想要对他做出正确的评价，并且理解他的思想的独特结构，我们必须承认旧东西和新东西同样是他的思想和观点的基本组成部分，在这个方面，就像在许多其他方面一样，彼特拉克是他那时代的典型代表，是人文主义运动的典型代表。我们甚至可以进一步说：由于彼特拉克具有非凡的天赋和洞察力，他不仅预见到了后来文艺复兴运动的发展，而且他也为造成这一运动做出了积极的贡献，因为他在他的同时代人和直接后继者中享有巨大的威望。就像人多数哲学的（和政治的）预言家那样，彼特拉克是那种由于帮助人们实现未来而预见到未来的人物之一。

30　《论无知》，第78–79页（Nachod译本，第115页）。

第二章　瓦　拉

彼特拉克死后的一百年或一百五十年，是意大利和欧洲文明史的一个非常重要的时期。正是在这个时期，文艺复兴的人文主义（在彼特拉克那里已经产生，他即使不是这个运动的奠基者，至少也是第一个伟大的代表）获得了极大的发展，产生了极大的影响。像许多论教育的著作表明的那样，瓜利诺［Guarino］、维多利诺［Vittorino］和其他人建立的学校，把人文主义的文化理想付诸实践。在大学和许多没有大学的城市里，人们多少正规地提倡了包括希腊文在内的各种人文学科的高等教育，并且，这些教育得到了普及，赢得了声望。人文主义学者或受过人文学科训练的普通人，在罗马教廷、佛罗伦萨共和国和许多其他国家和城市的大法官法庭中占据了领导地位，在一些诸侯国和共和国的枢密院中也是如此。这样，人文主义者就得以进而影响该时期的政治思想和日常生活，列奥那多·布鲁尼［Leonardo Bruni］做了许多年佛罗伦萨大法官，也是同辈中最主要的人文主义者，他用文学形式表达了他那个城市的共和政体的理想，理所当然地受到很大注意。除专业的人文主义者外，人文主义教育还培养了大批有文化修养的政治家和企业家，他们或者积极参加他们的人文主义者同人的学术和文学工作，或者通过他们有力的庇护来鼓励人文主义者，并且成为同情人文主义的听众或读者。

15世纪人文主义者的学术和文学活动的重要性，至少对该时代来讲的重要性，已经得到人们的普遍承认。但是，大量的有关这些活动的卷帙仍然不为人所知，因为如此众多的人文主义者的作品仍然埋没在西方世界无人问津的手稿堆中。在拉丁文研究的领域中，人文主义者重新发现了大量的古典著作，还搞清了其他一些古典著作；他们通过抄写和编纂（在这期间印刷术被发明了）来保存和传播这些著作；通过广博的注释阐明了这些著作的含义。在研究古代资料的过程中，他们发展了校勘和考证的方法；研究并恢复了古典拉丁文的正字法、语法、文体和韵律；扩大了对古代历史和神话的知识；发展了考古学、金石文学这样一些辅助性学科。他们还形成了人文主义的手写体，它模仿的是加洛林王朝时期的小书写体，而他们却错误地认为这是古罗马的小书写体，这种手写体是我们现代手写体和印刷体的基础，他们还创造了人文主义的草写体，这是今天意大利文手写体的基础。[1]

在希腊文研究的领域里，人文主义者成为拜占庭学者的继承人，是他们把希腊的学术成就介绍到了西欧。希腊的手稿被从东方带到西方的图书馆；他们抄写、印刷和解释希腊古典原著；他们把语法上的和历史上的学术研究方法扩展应用于希腊古典作家。部分地通过学校和大学对希腊原著的研究，部分地由于新拉丁语和本民族语译本的大量流入，西方学者熟悉了在中世纪西方闻所未闻的大量希腊古典文献。毫不夸张地说，15世纪人文主义者为现代世界的古典、历史和哲学的研究打下了基础，并开始形成了批判性的学术研究的意识和方法，从那时起，这些意识和方法就成了这类研究的特征。

---

1 B. L. Ullman，*The Origin and Development of Humanistic Script*（罗马，1960年版）；J. Wardrop，*The Script of Humanism*（牛津，1963年版）。Wardrop的著作只讨论了这种书写体的后期阶段。

这些人文主义者不仅是作家同样也是学者。在某种意义上，他们的古典知识是他们的文学抱负的婢女。在他们作为编史者的工作中，我们可以说这两种倾向有同等的分量。但是他们卷帙浩繁的拉丁文诗歌则包括了从抒情诗、田园诗及史诗、神话史诗、教诲叙事诗，直到悲剧和喜剧的各种风格。用这些拉丁文诗歌写成的挽歌和讽刺短诗则达到了卓越的水平。古典的学术研究仅仅作为模仿古代文学模式的必要手段。

人文主义者还创作了大量散文作品。包括演讲（当时社会的公共生活为这种体裁提供了机会），也包括以文学意图写成的书信（书信形成了一种最受欢迎的体裁，因为书信使作者可以以一种完全个人的方式随心所欲地谈论任何事情）；最后还包括对话和论文（这些对话和论文常常论述道德哲学的问题，但也逐渐用于讨论各种各样的问题）。

到15世纪中叶，人文主义的知识和文学，就像它在意大利已得到发展一样，也开始在欧洲其他国家产生持续的和普遍的影响，当然，在此之前很长时期，这种影响的迹象就很明显了。意大利人文主义的传播，部分应归功于有机会在国外旅行或居住的意大利学者，部分应归功于在意大利学校和大学受教育的外国学生。这种影响是非常复杂的现象，在这里不能做详细的讨论，不过完全可以说，文艺复兴时期的人文主义虽然起源于意大利，但是强烈地冲击着整个欧洲。[2]

15世纪中叶，还有一个也许较少为人们所知的同样重要的发展。在这个时期前后，人文主义知识的冲击开始超出原来的"人文学科的研究"圈子，渗透到当时文明的所有领域，尤其影响到

2　P. O. Kristeller, "The European Diffusion of Italian Humanism", *Italica*, XXXIX（1962年版），第1–20页。

在大学教授的其他知识学科，这些学科产生于中世纪早期，其传统就从那时延续而来。

我们谈到彼特拉克时讲过，人文主义从一开始就关心道德问题。另一方面，它对诸如神学、法理学、医学、逻辑学、自然哲学和形而上学这样一些学科却持不信任和争论的态度，这也是一种无知的态度，在很大程度上反映了不同学科和兴趣之间的竞争。而当事实上每一个有教养的人在学习任何其他学科之前就已先接受人文主义的教育的时候，这种情况就开始改变了。结果，在人文主义的专业兴趣与"中世纪"的专业兴趣之间的多种结合与和解就成为可能的了。除了新思想和新问题的冲击，人文主义的知识对其他学科还起着酵母的作用：这种知识介绍了以前人们不知道的新的古典资料；用新的哲学的和历史的方法来探讨旧的和人们以前知道的资料；他们采用新的论辩方式、术语和文学的表述。正是在这个意义上，我们必须理解在柯莱特、爱拉斯谟、新教和天主教改革者的神学中，在阿尔恰蒂［Alciati］和法兰西学派的法学中以及在16世纪数学和医学中的人义主义因素。

我们必须沿着同样途径去了解这一时期人文主义对哲学思想和文学的冲击。重要因素之一就是介绍新的古典资料，对那些已知的资料则进行重新解释和重新估价。在拉丁文哲学资料中，塞涅卡、波依修斯和西塞罗的大部分材料已经为人熟悉，但是这时，人们却用不同的方法来阅读和利用这些资料；先前人们不知道的西塞罗的《学园问题》和卢克莱修的著作被介绍进来，并做了有重要意义的补充。

更重要的是那种影响到人们对于古希腊哲学资料的知识的变化。那些从前已经知道的、主要是关于亚里士多德的哲学资料，被人们用新的文体和术语重新翻译，人们获得了进入希腊原著的途径。此外，大批其他人的著作和作品第一次被译成拉丁文：柏拉图和新柏拉图主义者的大部分著作（这些著作在中世纪只有其中的很少一部分流入西方），亚里士多德著作的希腊注释者的书（这些书以前只能得到一个小小的选集）；后期斯多葛主义的代表爱比克泰德［Epictetus］和马尔库·奥勒留［Marcus Aurelius］的著作，第欧根尼·拉尔修［Diogenes Laertius］的著作（他提供了古代所有学派特别是伊壁鸠鲁的资料），塞克斯都·恩披里可［Sextus Empiricus］的著作（这些著作是关于怀疑论的主要资料，他的一些较短的文章在13世纪才被翻译过来，没有引起多少重视），普鲁塔克［Plutarch］和琉善［Lucian］这样一些系统性较差的作家的著作（他们在文艺复兴时期及其以后，成为最受人喜爱的人）；最后还包括属于奥甫斯［Orpheus］、毕达哥拉斯、赫米斯·特里斯梅季塔斯［Hermes Trismegistus］和琐罗亚斯德［Zoroaster］的不足为信的伪作（这些著作曾广泛传播，是古代后期许多哲学和神学的观念的重要传播渠道）。此外，还有大量的希腊诗歌、演讲和史书，大量希腊科学的和伪科学的著作以及早期基督教神学的著作（所有这些著作都含有哲学思想，并且在当时是第一次得到并且又可被充分地加以吸收的完整的材料）。

　　人文主义者和其他文艺复兴时期的思想家，利用这种丰富的新材料的方法各有不同。许多人文主义者模仿西塞罗的折中方式，主要根据他们的趣味和理解，从各个作者和学派那里摘引和借用了一些思想和观点。还有一些人公开声称献身于某些古代的思想家或传统，声称自己是新柏拉图主义者或亚里士多德主义者、斯多葛主义者、伊壁鸠鲁主义者、怀疑论者，但是他们并不一定像他们自己认为的那样，忠实地遵循自己的古代典范。

人文主义，除了其古典主义，还通过它在风格上和文学上的理想，影响了文艺复兴时期的思想。论文、对话，稍后的小品文，甚至书信和演讲，取代了关于亚里士多德的讨论和注释，对经院哲学的论辩与术语的厌恶导致比较自由地表达自己的思想和意见，即使有时不太准确。

最后，人文主义者把自己对某些问题和题目的偏爱带到了哲学中。如果很难看到他们在任何具体哲学意见上取得一致的话，那么，在他们喜爱的一些论题上以及在古典主义和在他们的表述风格上，却不难看到他们的共同倾向。重视道德问题和人的问题，尤其重视人的尊严和人在宇宙中的地位，似乎与人文主义者的中心信念是密切相关的。他们始终关心自由意志、运气和命运的问题，关心以荣誉和出身来判定一个人之高贵与否，关心古代伦理学的一般课题。当他们敢于越出伦理学范围而进入哲学其他传统分支时，他们关心的是根据自己拥护的古代权威来简单明了地处理问题。同时，他们设法做出一些自己的新贡献，尤其在逻辑学领域。

对于瓦拉——我们现在将要简要地考虑一下他的著作——必须在上述框架内来认识。他在许多方面是意大利人文主义的典型代表，他的批判精神和对哲学思想的贡献使他享有盛名。

洛伦佐·瓦拉于1407年出生于罗马一个来自皮亚琴察〔Piacenza〕的家庭。他在罗马上学之后，从1429年到1433年，在帕维亚〔Pavia〕大学教授修辞学，此后过了几年游荡生活。1437年，担任阿拉贡〔Aragon〕的阿尔方索国王〔King Alfonso〕的秘书，这位国王当时正从事对那不勒斯王国的征服。1448年，瓦拉返回罗马，担任教皇的秘书和罗马大学的教授。他死于1457年。

瓦拉的著作反映出他的兴趣非常广泛。他的著作包括一些书信，一部关于阿拉贡的斐迪南一世国王［King Ferdinand Ⅰ］的历史著作（1445年），以及希腊历史学家希罗多德和修昔底德的著作的译著。[3] 他非难叱骂，反映了他与同时代的人文主义者如波吉奥等人的激烈论争。他在1440年写的一篇著名的文章中，根据历史的和语言学的理由指出《康斯坦丁赠赐》是伪件，这篇文章是语言学评论的著名例子，直到16世纪，在新教徒为反对教皇制度的世俗权力的辩论中，还使用他的文章。这篇文章是瓦拉在阿尔方索国王那里供职时写的。随后他表示认错，虽然没有得到当朝教皇的原谅，但是他得到了后继教皇的支持。瓦拉为《新约》写的注释是把人文主义者的语言学方法用于研究《圣经》的一个较早的尝试，这些注释肯定对爱拉斯谟的工作产生了影响，后者熟悉这些注释。瓦拉反对大法官巴托路斯［Bartolus］的信引起反感（1433年），迫使他离开帕维亚。这封信是文艺斗争史上的一个文献，也是导致把人文主义的语言学用于研究罗马法的那种发展的早期插曲。《拉丁语是优雅的语言》（1444年）是瓦拉最有影响、最流行的著作，其目的是要确定古罗马拉丁语在语法、措辞和文体等许多方面的正确使用法。正如他在该书的序言中自豪地宣称的那样，他的目的是要恢复拉丁语被野蛮人败坏之前所特有的光荣和纯洁性。[4] 这部著作是在人文主义语言学史上的一个主要成果，直到大约1800年的许多世纪中，它一直作为拉丁语文体学的教科书。

　　瓦拉对哲学的贡献主要包含在三部著作中：1435年到1443年写的一本相当短的对话《论自由意志》；1431年到1432年写的一

3　J. E. Sandys（*A History of Classical Scholarship*，第2卷，剑桥，1908年版，第89页）认为：列奥那多·布鲁尼完成了修昔底德著作的拉丁译本，这种看法没有根据，据我所知，从来没有这个译本。

4　E. Garin编，*Prosatori latini del Quattrocento*（米兰，1952年版），第600页。

篇长得多的对话《论快乐》以及1439年写的一部题为《逻辑的争论》的著作。让我们逐一看看这些著作。

首先，瓦拉从波依修斯的观点[5]出发，着手回答上帝的预知与人的意志自由是否能够和谐并存的问题。为做出肯定的回答，他论证说，一件事情的可能性并不包含了它必然要成为现实这一点，对于未来事件的预先的知识，即使就上帝而言，也不应看成是该事情的原因。诚然，在上帝那里，他的智慧与他的意志和力量并没有分开，但是它们之间肯定存在差别。瓦拉用异教的各种神来比喻基督教上帝的各种力量和属性，以说明这种差别。阿波罗代表上帝的预知和预言的能力，它与丘比特不同，丘比特代表上帝的意志和掌管命运的力量。阿波罗能毫无错误地预见未来的一切事情并做出预言，但他不是这些事情发生的原因，所以，他的预言可以与造成这些事情的人的自由意志相容。

通过这种方法，最初的问题似乎已经以一种满意的方式得到了解决，但是，这个问题立即又在另一层次上再现出来。因为，毫无疑问，上帝的意志和力量是万事万物发生的原因，也是人类和人的各种爱好发生的原因。因此，我们不得不问，既然正是上帝锻炼了人的意志，教他仁慈，那么上帝的意志怎么能够与人的自由意志相调和呢？换言之，瓦拉表明神意与人的自由意志能够和谐共存，但是他没有回答神的预定是否给人的自由意志留有余地的问题。事实上，他拒绝回答第二个问题，宣称自己只答应过回答第一个问题。当迫不得已时，他回答说，上帝的意志是人和天使都看不到的神秘的东西，我们应该在信仰的基础上来接受它。我们应该追求基督的谦虚恭顺，而不应追求哲学的傲慢狂

---

5 波依修斯，*De Consolatione Philosophiae*，第5卷，第3–4节。

妄，应该丢掉对我们不能回答的问题的好奇心。[6]

《论自由意志》这篇对话的第一部分表明瓦拉相当敏锐，重要的是，莱布尼兹提到的正是这篇对话，他称瓦拉不仅仅是一位人文主义者，而且还是一位哲学家。[7]有些历史学家把这篇对话解释成世俗思想和理性思想的纪念碑。我不同意这种看法。瓦拉十分清楚地使哲学服从信仰：在该书序言中他甚至说，宗教和神学不应该依靠哲学的支持；神学家不应该把哲学当作神学的姐妹，甚至当作神学的庇护者，对宗教来说，哲学是无用而且有害的，它曾是许多异端的原因[8]。诚然，瓦拉所说的哲学是中世纪传统的经院哲学；但无论如何，这一点是事实，就是说，他不是以一种新的、更好的哲学的名义，而是以宗教和信仰的名义来反对经院哲学。

更令人感兴趣、多少更为重要的，是那部三卷本的较长的对话。1431年，瓦拉首先把它题名为《论快乐》，后来，他喜欢称之为《论真正的善》（1432年）。作者曾经多次亲手修改这篇对话，但是这些修改似乎没有影响它的实质。人们早就许诺搞一部校勘本，但是至今我们依据的仍然是模糊不清的16世纪的版本，它的措辞似乎相当靠不住。[9]

在这个最著名、最易得到的版本中，瓦拉讨论了什么东西构成人类真正的善的问题，这对古代大多数伦理学论著来讲都是中心的问题，瓦拉主要是从西塞罗的《论有限》中熟悉了

6　瓦拉，《论自由意志》，Maria Anfossi编（佛罗伦萨，1934年版），第38–53页，E. Garin编辑本，第552–561页；C. Trinkaus的翻译收在E. Cassirer等人编辑的《文艺复兴时期的人的哲学》，第174–182页。

7　《神正论》，第405节。

8　Anfossi编辑本，第7–10页；E. Garin编辑本，第524–526页；Trinkaus译本，第155–156页。

9　瓦拉，《全集》［Opera Omnia］（巴塞尔，1540年版；都灵，1962年版），第896–999页。

这个问题。瓦拉的著作采取了在发言者之间对话的形式，它讨论了关于这个问题的三种不同的观点。第一个人，利奥纳都斯〔Leonardus〕，为一种瓦拉认为与斯多葛学派一致的立场辩护。他的发言占据了第一卷的前八章，把至善和道德上的美德等同起来，这种观点确实与古代斯多葛学派一致。但是斯多葛主义者认为自然和天意是完满的，而利奥纳都斯则抱怨自然的惩罚和不正义使得美德如此少见，很难获得，以致人由于他的较高的目标，而处于比动物还不幸的状况（第二章至第八章）。

安东尼乌斯〔Antonius〕是第二位发言者，他的发言最长，占据了第一卷的其余几章和第二卷的全部，他驳斥斯多葛主义者，并且为伊壁鸠鲁主义者辩护。他的观点在许多方面与伊壁鸠鲁的真正主张不同，他认为人的真正善不在于道德上的美德，而在于快乐，快乐与有用完全是统一的（第十六章）。为捍卫这种主张，安东尼乌斯考察了命运之善、肉体之善和灵魂之善，指出这些善都与肉体的快乐或灵魂的快乐密切相关（第十九章到第二十二章）。只有快乐才与本性相吻合，快乐不仅远非低于美德，而且应该把快乐看成是德行的主宰（第三十四章）。安东尼乌斯宣称，每种快乐都是善的。在为性欲快乐的勇敢辩护中，他甚至提倡通奸和柏拉图《国家篇》中的那种公妻制，根本反对修道院的童贞理想（第三十八章到第四十六章）。

斯多葛派讲的德行毫无意义，它是想象的东西。名誉是无用的理想，如果给它以任何肯定的价值，就必须把它看成是一种快乐（第2卷，第十二章至第二十一章）。善良的人追求的是有用而不是美德（第二十八章）。所有法律的目的是有用而不是美德，因为不能认为出于恐惧而服从法律的人的灵魂中有美德（第三十章）。即使由许多哲学家提出的沉思的生活和心灵的宁静的理想，也不过是因为他们感到这种生活是愉快的（第三十六章至第三十七章）。

安东尼乌斯在发言结束时，坚持认为人仅仅是一个动物，死后绝不存在。因而必须反对来世报应和来世惩罚的信仰。人之善在于现世生活能够获得的快乐。假如我们为了趋善避恶而区别美德与罪恶，那么，这样做的目的只是由于美德能为我们带来更大和更持久的快乐（第三十八章至第三十九章）。

尼科拉乌斯［Nicolaus］的发言占据这篇对话第三卷的大部分。他批判了前两位发言者，表达了第三种观点，这种观点是作为一种基督教教义提出来的。他论证说，恶比善能为我们带来更多的快乐这一点并不真实，因为人总是趋善避恶，人的意志自发地向善，就像我们的眼睛向光一样（第三卷，第二章至第三章）。快乐本身是一种善，因而它就是我们的合法目标。尼科拉乌斯认为，安东尼乌斯为伊壁鸠鲁的主张辩护时，没有说出他自己的真实见解，而是在戏言，因为基督教信仰与否定来世生活、把人与动物等量齐观是相矛盾的，而安东尼乌斯在现实生活中是一个好基督徒。相比之下，利奥纳都斯在为斯多葛学派辩护时，讲话却十分认真，他之所以这样做是由于他对古人的过度赞美。我们应该称颂古人不是因为他们的道德，而是因为他们的知识。斯多葛学派学说与基督教不能相容，因为前者用自然取代基督（第六章）。

这样，斯多葛派学者所说的德行实际上是罪恶，而安东尼乌斯对斯多葛派美德的批判是对的。依照圣保罗所说，没有对来世报答的希望，我们就不能侍奉上帝，也不能放弃现世生活的所有物；没有信仰、希望、基督的仁爱这些神学的美德，人类所有的美德也都是无用的。斯多葛学派的哲人缺乏精神的宁静，他的德性其实充满着烦恼。如果我们要像古代哲学家那样否定死后报应的可能性，那么，就应该选择伊壁鸠鲁学说而不是斯多葛学说。因为，斯多葛派哲学家是为德行而想获得德行，他们忘记了美德与上帝的联系，因而是一种虚假的美德。另一方面，伊壁鸠鲁主义者为了实用而追求美德，因此高于前者。最后，基督徒为来世的幸福而希望得到美德，因而高于前两者（第七章至第八章）。

基督徒追求的来世幸福也是一种快乐，因此，伊壁鸠鲁主义者比斯多葛派学者更接近这个目标。人们期望享有的绝不是美德而是快乐——那些希望在今世享有快乐的人以及那些希望于来世享有快乐的人都是如此。因为快乐有两种，一种现在在尘世可以得到，一种以后在天堂才能得到。一种是罪恶之母，一种是美德之母。因而，假如我们要享受其中之一，就必须规避其中之另一。我们能够获得其中的一种，但是二者不能兼得，因为它们彼此是矛盾的。[10]尘世的快乐是不确实的、转瞬即逝的，天国的快乐则是确实而持久的。当我们的心灵走上了朝向来世幸福的正确途径，它就已经在现世生活中体验到一种快乐，这种快乐来自对未来幸福的希望和期待。没有快乐，则一事无成，恭顺但毫无乐趣地侍奉上帝的人一无是处，因为上帝喜欢快乐的仆人（第九章）。

获得未来至高幸福的主要手段是美德，但它是基督徒的美德，而不是哲学家的美德，即不是斯多葛派学者的美德。无论如何，必须把美德和幸福区别开来。至善与快乐是统一的，美德和其他许多事物一样，只有在产生善即快乐时，才能称为善。除非与快乐和有用连接起来，否则哲学家的美德就必须被看成是一种邪恶（第十一章）。

10　瓦拉，《全集》，第977页（第3卷，第九章）。

尼科拉乌斯就是这样驳斥了斯多葛学派和伊壁鸠鲁主义者，至善不在任何哲学教义中，而在基督教宗教生活中。因为只要我们成功地克服尘世的情感，我们的灵魂就能升入天堂，而邪恶人的灵魂则将沉入地狱。因而我们将享受远比安东尼乌斯赞美的尘世快乐更丰富得多的永恒的快乐。因为我们的尘世生活必然充满了烦恼和痛苦。

然后，尼科拉乌斯称赞了可见世界的美丽，认为它是为人而创造的，以致通过对世界的沉思，人就能够鼓舞自己期待更高的生活（第十六章）。在尼科拉乌斯发言的结尾，他根据自己的理论描述了来世生活。他说，这种描述并不是根据任何知识，而是根据信仰和想象。[11] 灵魂升入天堂以后，将会享受多种多样的快乐。他坚持认为，天堂生活中的身体的快乐要比我们在尘世中体验的任何快乐都更为强烈。但是，他补充说，天堂的理智的快乐甚至更为强烈，灵魂在天堂获得的享受在各方面都是完美无缺的（第二十五章至第二十八章）。他的发言和整个对话的结尾像一首赞美诗一样，描绘了灵魂凯旋般地升入天堂，在那里受到基督和圣母玛利亚、成群的天使和它的亲朋好友们的欢迎（第二十九章）。

这个对话的意义以及瓦拉在这部著作中所要表达的伦理学和哲学的见解，可以用两种截然不同的方式来加以解释。有些历史学家倾向于不考虑第三卷，认为显而易见这是瓦拉为逃避指责、隐藏自己真实的观点所做的努力。他们把安东尼乌斯的长篇发言看成是陈述了瓦拉的真实观点，并且倾向于把为性欲快乐的大胆辩护和对来世生活的否定看成是对文艺复兴思想特征的表达。其他一些解释者——我倾向于站在他们一边——对这个问题持完全

11　瓦拉，《全集》，第985页（第二十至二十一章）。

不同的立场。

　　毫无疑问，瓦拉试图以斯多葛学派为代价来树立伊壁鸠鲁学说，他兴致勃勃地描述安东尼乌斯的勇敢和耸人听闻的议论。然而，丝毫没有证据表明，他在现实生活中或在其他著作中，接受了一种与安东尼乌斯相类似的观点，也没有证据表明他缺乏宗教信仰。我宁可认为，在第三卷中尼科拉乌斯的发言接近于代表瓦拉的真实观点。我也倾向于相信他的话，他通过尼科拉乌斯说，他喜欢伊壁鸠鲁学说而不喜欢斯多葛学派的见解（照他对它们理解的那样），因为伊壁鸠鲁学说更接近基督教的教义（如他选择表述的那种教义）。

　　这篇对话的组织结构支持这种看法。这篇对话在第三卷形成一种高潮，提出了解决问题的方法，从而驳倒和推翻了前两位发言者的见解。此外，第三位发言者的口吻非常雄辩有力，不应把它仅看成是一种避免冒犯的努力而加以摈弃，他表述基督教见解的方式完全是他本人自己的，并且不落俗套，以至完全可以认为这种态度是真诚的。进一步说，正是在第二卷里，我们发现一种瓦拉特有的理论，这种理论在另一部内容完全不同的著作《逻辑的争论》中得到了推进。在这两部著作中，瓦拉批判亚里士多德那个著名的原则，即每个道德上的美德都是两个对立之恶的中庸；相反，瓦拉主张每一种美德只有一个对立的恶。例如，瓦拉认为：勇敢并不像亚里士多德主张的那样是鲁莽和怯懦的中庸，而是与怯懦相对立的，谨慎则与鲁莽相对立。[12] 最后，在《论真正的善》这篇对话的序言里，瓦拉明确地以自己的名义讲话，试图向读者解释他这篇著作的意图，清楚地表明第三卷的见解就是

12　瓦拉，《全集》，第966–967页（《论快乐》，第3卷，第二章）；第665–667页（《逻辑的争论》，第1卷，第十章）。

他自己的见解。你确实认为快乐是真正的善吗？是的，我这样认为；并且我将断言只有快乐才是善的，并且我将假定而且证明这样讲的理由。不过，这种真正的善有两种，一种在现世生活中，一种在来世生活中。我们宁可选择后者而不选择前者，但前者则胜于哲学家的美德。我们将着手批驳美德的维护者——斯多葛派学者，而采取为伊壁鸠鲁主义者辩护的态度，我们这样做也捍卫了基督教的信仰。[13]

由于上述这些理由，我认为可以把尼科拉乌斯看成瓦拉自己的主张的发言人。瓦拉表示他喜爱伊壁鸠鲁主义者甚于喜爱斯多葛派学者，但是他认为基督徒高于这两者。不过，瓦拉为之辩护的乃是基督教的一种特殊的概念，在许多方面它带有伊壁鸠鲁主义的色彩，几乎是一种庸俗化的伊壁鸠鲁主义。强调基督徒来世生活的快乐，甚至强调来世生活的肉体快乐，这是我们可以称之为基督教伊壁鸠鲁主义的观点的特征。在那些试图重新解释伊壁鸠鲁主义，把它和基督教思想调和起来的文艺复兴时期的思想家中，瓦拉不是第一个，也不是唯一的一个。[14] 使伊壁鸠鲁主义基督教化的倾向可以说就是强调伊壁鸠鲁主义与基督教的血缘关系的倾向，与早期基督教作家的态度形成一个有趣的对比。早期基督教作家异口同声地谴责伊壁鸠鲁主义，然而对斯多葛学派和其他一些古代哲学学派却表示出比较宽容的态度。瓦拉的基督教思想的概念十分奇特并与众不同，正因为如此，我倾向于认为这种

13　瓦拉，《全集》，第896–897页。

14　科西莫·雷蒙德［Cosimo Raimondi］（死于1435年）的一封信中曾为伊壁鸠鲁主义辩护，见手稿，E. Garin编辑的 *Filosofi italiani del Quattrocento*（佛罗伦萨，1942年版），第134–148页。伊壁鸠鲁学说对费奇诺的影响，可见P. O. Kristeller的 *Il pensiero filosofieo di Marsilio Ficino*（佛罗伦萨，1953年版），第14页；费奇诺，《全集》（巴塞尔，1576年版；都灵，1959年版）第1009–1010页（《论快乐》）；P. O. Kristeller编辑的 *Supplementum Ficinianum*（佛罗伦萨，1937年版），第2卷，第81–87页。

概念毫无虚饰之意。

对于哲学与宗教的关系，瓦拉在这篇对话中的表述并不比在《论自由意志》那篇对话中的表述更为明确。他没有力图通过哲学来证实宗教。他对来世的描绘依靠的是信仰和想象而不是知识。在《论真正的善》那篇对话的序言中，他指出，他的目的是保卫宗教以免受一些现代哲学家的怀疑。[15] 在第三卷某一处，他毫不留情地驳斥所有的哲学家；[16] 在宗教之外，他承认的只是雄辩术而不是哲学。他把雄辩家比作将军，把哲学比作在它的麾下服务的列兵或军士，[17] 他说，雄辩家［dialecticians］比逻辑学家更了解怎样讨论问题。[18] 雄辩术是万事万物之皇后。[19] 在第三卷最后一章中，他称赞安东尼乌斯和尼科拉乌斯是杰出的雄辩家。[20] 从这种评论来看，整篇对话表面上似乎是修辞学的习作，但是它具有作为一个令人信服的人文主义者在修辞学和雄辩术上应有的尊严和价值。

瓦拉的三部主要著作的最后一部也许构成了他对哲学思想的最重要的贡献。由于它太复杂、专业性太强，不能在这里详加叙述，我们只好简要地指出它在文艺复兴思想的总的历史中的地位。《辩证的争端》分为三卷。在序言里，瓦拉宣称他的任务是重建辩证法，重建所有哲学的基础，特别要批判现代亚里士多德主义者，宣称自己有对亚里士多德持异议的自由。

概略地说，这三卷书分别论述了概念、命题和结论的形式。然而，在这个框架里，瓦拉从一些范畴和先验的东西开始，讨论

15 瓦拉，《全集》，第897页。
16 同上书，第978页（第十一章），参见第980页（第十四章）。
17 同上书，第907页（第1卷，第十章）。
18 同上。
19 同上书，第960页（第2卷，第三十九章）。
20 同上书，第997–998页。

了大量专门的理论，在传统的用语和区分之处到处提出一些有趣的新词和新的区分，经常除了讨论逻辑还讨论哲学理论。他显然有一种把学说简单化的倾向，认为没必要把学说搞得复杂。为了反对经院哲学的"粗野的"术语，他使用古典拉丁文的语法和惯用法，他喜欢古典拉丁文甚于古希腊文。[21]这使人想起当代使哲学特别是逻辑学以普通语言为基础的尝试，唯一不同的是，瓦拉讲的普通语言不是指当代英语，而是古典拉丁语，古典拉丁语至少比较接近古希腊语，后者是西方世界一切哲学论述的真正本源。

　　瓦拉在他关于论证和结论的形式的理论中，不断借用他高度赞扬的一位作家昆体良〔Quintilian〕的见解。这种把修辞学家昆体良当作新的权威引入辩证法的企图，表明了一种使逻辑学从属于修辞学的典型的人文主义倾向。在第二卷一开头，瓦拉还谈到，辩证法与修辞学相比是相当简短易懂的论题，只是被论述这个题目的现代作家人为地搞复杂了。[22]换句话说，瓦拉的辩证法是企图改革亚里士多德的逻辑学和后期经院哲学家的逻辑学，这项改革的目的是从整体上简化逻辑学，把它还原到古典拉丁语的用法，把它和修辞学学科（如果不能把它还原为这种学科的话）联结起来，后者构成人文主义学问的专业核心和特别爱好的主题。

　　如果说瓦拉的辩证法给这个学科带来持久的变革，或者说，他找到了拥护他提出的特殊的见解和学说的许多追随者，那么这是一种夸大。他工作的历史重要性在于，它是把人文主义的思想和学识的标准应用到伦理学之外的一个哲学学科（而不是

21　瓦拉，《全集》，第651页（第1卷，第三章）；第684–685页（第十七章）；第707页（第2卷，第十章）；第708–709页（第十一章）；第714–715页（第十六章）。

22　同上书，第693–694页。

伦理学）的首次尝试。在瓦拉推翻后期经院主义的逻辑学，并用
一种新的、与修辞和语法密切联系的简化了的逻辑取而代之的
总的努力中，他在后期文艺复兴运动中找到了许多重要的后继
者。仅仅举出以下诸人物就够了：鲁道夫·阿格里科拉［Rudolph
Agricola］、马利尤斯·尼佐利乌斯［Marius Nizolius］、彼
得·拉穆斯［Peter Ramus］，尤其是后者，他取得了他的前驱希
望但未能获得的成功。因为我们从最近的研究了解到，拉穆斯形
成的体系在几个世纪中，被几个国家的后继者采用，他的影响不
仅扩展到德国和英国，而且还延伸到了美国。[23] 考虑到这些后来
的发展，我们可以讲，在伦理学之外的所有哲学学科中，逻辑学
是受文艺复兴人文主义冲击最大的学科。诚然，许多逻辑学史家
对这种冲击的价值提出疑问，但是，这种冲击在时间和空间上的
广泛程度本身应能使我们三思，表明还需要进一步研究。

　　但愿我已经说明，洛伦佐·瓦拉不仅是一位杰出的人文主义
者，而且对哲学思想也做出了意义重大的贡献，尽管他对哲学的
态度有点含糊。这些话对于文艺复兴的几位别的人文主义者（虽
然不是全部）也同样适用。瓦拉的著作有特殊的价值，因为它在
欧洲其他国家所具有的权威和影响似乎构成联结意大利人文主义
和北方人文主义的一座桥梁。

　　在本书讨论的这些思想家中，瓦拉是最后一位能够毫无保留
地归为人文主义者的人，我们以后会看到，其他大多数思想家则
是或多或少地受到人文主义知识的影响。在我们的讨论暂时离开
文艺复兴时期的人文主义的时候，我想说明一下，我不同意有些
历史学家的观点，他们宣称，16世纪初，随着宗教改革运动的兴

23　Walter J. Ong, *Ramus*: *Method*, *and the Decay of Dialogue*（剑桥，1958年版）。见Neal W. Gilbert, *Renaissance Concepts of Method*（纽约，1960年版）。

起，人文主义已经在意大利和北方退出了历史舞台。其实，在16世纪，可以看到人文主义知识继续大规模地流入整个欧洲。人文主义的影响不顾当时流行的宗教的和专业的划分而深深浸入文化的每一个领域。有些最伟大的人文主义者属于16世纪，他们有些人在思想史上留下了他们的印记。有人认为文艺复兴后期的人文主义失去了它的活力，或者失去了塑造和影响作者与读者的思想的力量，但爱拉斯谟、斐微斯、弗拉卡斯托罗〔Fracastoro〕、蒙台涅〔Montaigne〕、利普西尤〔Lipisius〕的名字却足以打消这种看法。

第三章　费奇诺

　　在本章和下一章讲的佛罗伦萨学园的柏拉图主义，在一些方面与人文主义运动有密切的联系。我们首先将注意这一运动的领导者马尔西利奥·费奇诺［Marsilio Ficino］，他在古典语言和古典文学方面受过良好的训练，广泛阅读了希腊文和拉丁文的古代哲学资料。他写的拉丁文即使算不上优雅，也是十分流畅的，并有显著的个人风格，能够使他的大部分——即使不是全部——爱挑剔的同时代人满意。他培育了诸如论文、对话、演讲和书信等文学体裁，汇集了自己的书信，并以平等的地位与他那个时代许多主要的人文主义者交往。他的作为柏拉图、普罗提诺和其他希腊哲学家的著作的翻译者和注释者的学术活动，可以看成是他的人文主义前驱的工作的继续。他的折中主义和为复兴柏拉图哲学所做的努力，似乎与其他人文主义思想家利用古典时期的哲学遗产的方式是一致的。他的许多书信所具有的那种教诲口吻使人们一再联想到塞涅卡和彼特拉克的书信。他对人的尊严、人在宇宙中的地位以及运气和命运这些问题的关注，促使他从事研究一系列早期人文主义文学特别热衷的课题。

　　纵然有这些不能否认的事实，我仍不同意有些历史学家的观点，他们想把费奇诺和文艺复兴时期的柏拉图主义仅仅看作人文主义的一个特殊部分或阶段，我宁可认为文艺复兴时期的柏拉图主义乃是文艺复兴哲学的更为广阔的源流中的一个与众不同的运动。因为，仅仅说，佛罗伦萨学园的兴盛是在瓦拉的那个早期人文主义的伟大时期之后三十年或半个世纪，或者说，15世纪后半叶由于其宗教兴趣和形而上学兴趣的特点而与前一时期不同，都是不够的。15世纪中叶之前，虽然有些人文主义者没有宗教和哲学的兴趣，但是这些兴趣已经存在了。反之亦然：15世纪后半叶也仍然有许多人文主义者缺乏这些兴趣。这样的结论似乎是不可避免的：费奇诺所代表的柏拉图主义和他的学园在该时期文化生活中占有特殊的地位。

事实上，费奇诺的柏拉图主义从许多与人文主义无关的来源和祖先那里获得了营养，它与早期人文主义的联系仅仅是构成其高度多样化思想的许多侧面之一。首先，佛罗伦萨学园构成了柏拉图主义传统的长久而复杂的历史的一个新阶段，费奇诺完全知道自己是这一传统的继承人和杰出倡导者。他的思想来源不仅包括柏拉图本人的著作和古代柏拉图主义者（我们通常称之为新柏拉图主义者）的著作，而且还包括那些归之于赫米斯·特里斯梅季塔斯、琐罗亚斯德、奥甫斯和毕达哥拉斯的著作——现代学术认定这些著作是古代后期的伪作，但是费奇诺像他的前辈和许多同辈人一样，认为这些著作是古代非基督教哲学和神学的值得尊重的见证，先于柏拉图并且鼓舞过柏拉图和他的门徒。费奇诺还知道，在古代拉丁语作家、早期教会作家、中世纪阿拉伯语和拉丁语的哲学家中，有柏拉图主义的追随者，例如波依修斯〔Boethius〕、卡尔西迪乌斯〔Calcidius〕、雅典大法官狄奥尼修斯〔Dionysius the Areopagite〕、圣奥古斯丁〔St. Augustine〕、阿维森纳〔Avicenna〕、阿耳法拉比〔Alfarabi〕、根特的亨利〔Henry of Ghent〕、邓·司各脱〔Duns Scotus〕；在他自己那个世纪，则有贝萨利昂［Bessarion］和库萨奴斯［Cusanus］。我们从费奇诺的著作中知道，他对这些作家——虽然不是全部——多少比较了解。当然，他们当中任何一个人对他的影响程度以及就这些人的相互关系和这些人同他自己的创造性之间的关系来说，这种影响的内容和重要性是什么，这些都是悬而未决的问题，这些问题在许多情况下尚未能得到适当的考察和回答。但是十分明显的是，至少柏拉图、普罗提诺和被归属于琐罗亚斯德和赫米斯的著作以及圣奥古斯丁的哲学著作，给费奇诺的思想留下了深刻印象。此外，我们还可以把拜占庭的柏拉图主义者杰米斯托·普勒托［Gemistos Plethon］列入这个名单。据费奇诺讲，杰米斯托向柯西莫·德·美第奇［Cosimo de' Medici］提出了一个在佛罗伦萨建立柏拉图学园的想法，许多年后，这个想法由费奇诺自己实现了。

除了早期人文主义、古代和中世纪的柏拉图主义，费奇诺还受到许多其他的影响，这些影响由于没有贴上柏拉图主义的标签而常常被忽视。在费奇诺思想的早期发展中，卢克莱修的伊壁鸠鲁主义给他很深的印象，他整个一生都保留这种影响的痕迹。他在佛罗伦萨大学听过亚里士多德哲学课，他熟悉经院哲学的教科书和方法，这不仅表现在他的早期著作中（这些著作近来已经出版），而且也表现在他成熟著作的术语和推理方法上，表现在他对亚里士多德和亚里士多德的阿拉伯注释家的利用上，甚至还表现在他的主要著作《柏拉图的神学》的结构上。这部著作以大全或总述的形式论灵魂不死，并且提出了一系列不同的论据来支持这一主要论题。他至少对托马斯·阿奎那的一些著作有直接的了解，他的许多阐述和论证是追随这位伟大的经院哲学思想家的；但是为了避免把他称为托马斯主义者，我们应该记住，在意志和智慧何者更为优越这个区别司各脱和托马斯的关键性争论点上，他站在前者一边，反对后者。作为佛罗伦萨的好公民，费奇诺用斯卡诺方言写了或改写了他的几部著作；作为一位牧师，他不仅深受那种表现他的时代和他的国家特征的，但已有点无力的经院神学的影响，而且也深受他年轻时期在佛罗伦萨围绕世俗团体而繁荣起来的通俗宗教文学的影响。他是个外科医生的儿子，自己也学过医，像他那个时期的医生通常所为的那样，他对占星术有很好的研究。最后，他对宇宙论的和形而上学的玄思怀有真正的热情，并且形成了一些对他那个时代和随后几个世纪的思想产生了深远影响的观念和理论。

1433年，马尔西利奥·费奇诺出生于佛罗伦萨附近的菲哥利恩［Figline］。他在佛罗伦萨受教育，先是学习人文学科，然后又学习哲学和医学，但似乎没有获得任何学位。他最早的哲学著作写于1454年，随后几年又完成了其他著作。我们知道，1456年左右他开始学习希腊文，紧迫的目的是检查柏拉图哲学的原始材料，不久他就开始着手把一些哲学原著译成拉丁文。1462年，柯西莫·德·美第奇在佛罗伦萨附近的卡雷吉［Careggi］给了他一栋房子，把一些希腊文手稿交由他处理。通常认为佛罗伦萨的柏拉图学园就是这时建立的。不久，在1463年，费奇诺译完了赫米斯的著作（这部译著在当时肯定会广泛传播）。然后，他着手翻译柏拉图的对话，到1464年柯西莫死时，他至少完成了其中的十篇。

在随后几年中，费奇诺完成了他翻译柏拉图著作的工作（1469年以前），提供了将柏拉图著作译成西方语言的第一个完备的译作。1469年，他写了关于柏拉图《会饮篇》的著名的注释；1469年至1479年，完成了他的主要哲学著作《柏拉图的神学》。1473年年底，他成为一名牧师，在此之前也许曾经得到过一些较低的宗教职位。我们知道，他随后又获得过好几个基督教有薪俸的职位，最后成为佛罗伦萨大教堂牧师会的成员。大约1473年，他开始收集自己的书信，因而我们对他此后二十年的生活和活动有很清楚的了解。1495年，费奇诺把收集起来的书信，包括他在一生不同时期写的许多较小的哲学论文，仔细地编辑起来。1484年后，费奇诺花了许多年时间翻译和注释普罗提诺的著作，这些东西在1492年刊印问世。在一生的最后几年里，他又写了一些译文、注释和论文。由于他与美第奇家族好几代人交往甚密，当美第奇家族被驱逐出佛罗伦萨后，他大约在1494年到乡间隐居。费奇诺死于1499年。共和国一位大法官发表的丧礼演讲给了他荣誉，后来人们在佛罗伦萨大教堂为他建了一座纪念碑。

　　我们已经叙述了费奇诺的著作、思想根源和兴趣，还需要简要地说一说著名的柏拉图学园，费奇诺在许多年中一直是这个学园的领袖和灵魂。"学园"这个名字是费奇诺和他同时代人采用的，现在人们一般一致认为这个学园是一个组织相当松散的友人学派，而不是按后来数世纪中的学院方式牢固建立起来的机构。费奇诺要求他的学园采取一种宗教团体的形式，就这个目标来说，他可能受到该时代俗人宗教组织的影响，还可能受到他们想象的柏拉图的学园和古代其他哲学学派的模式的影响。我们知道，有一些与这个团体的老成员在一起的非正式的讨论，并且至少在两个场合下要以宴会来庆祝柏拉图的生日，在宴会上，每个参加者都要发表哲学演讲。有在小团体面前做的富有教诲意义的演讲，费奇诺称之为宣道；有时和一个或几个年轻门徒在一起私下朗诵柏拉图和其他人的原著，有时则在教堂或毗邻的会堂发表关于柏拉图和普罗提诺的公开演讲。意大利其他城市和外国的名人前来拜访费奇诺或参加集会，而费奇诺的信函来往则成为保持学园成员间联系并唤起局外人对这个学园活动的兴趣的媒介。费奇诺在他的一封信中所提供的他的学生名单以及他曾提到过的或与他保持通信联系的或拥有他的著作的手稿和印刷本的人的名单足以证明他生前产生过广泛的影响，足以证明他的著作和其他活动不仅在佛罗伦萨，而且在意大利的其他地方和欧洲大多数国家都受到了尊重。

马尔西利奥·费奇诺的著作，特别是《柏拉图的神学》和他的书信，呈现出一个高度复杂的思想体系，他的哲学主张可以说是用一些明喻和讽喻，用他喜欢的作家的很长的原话加以雕饰美化的。在短短的一章篇幅中，我们最好是叙述他的一些较为重要或影响较大的学说。

费奇诺与他的人文主义前辈不同，他试图精心地描绘宇宙。他继承了新柏拉图主义和中世纪资料中的宇宙观念，把宇宙视为一个博大的等级体系，在这个体系中，每一存在物都占有自己的位置，各有其不同程度的完美性，上自上帝，往下经过天使和灵魂，天体和原始星球，各种动物、植物和矿物，一直到无形的原初物质。常常有人讲费奇诺的宇宙论就是新柏拉图主义的等级体系。这样说是不够的。因为，仔细研究后会发现，费奇诺的等级体系在许多重要细节上与他前辈的等级体系不同。首先，他的等级体系是由五个基本实体组成的图式：上帝、天使的心灵、理性的灵魂、性质和形体，这个图式有几方面不同于普罗提诺的图式，而在其他方面则同它最为接近。除了在各种术语的含义上有细微不同，对普罗提诺来说，性质并不构成一个独立层次，相反，他给灵魂的有感觉和有生长力之能力以独立的地位。这可以表明，费奇诺有意修改柏拉图的图式，部分地是要使图式更加对称，部分地是要把图式的中心这一特权地位给予人的灵魂，从而他为关于人的尊严的学说提供了一种形而上学的依据和认可，这个学说是他从人文主义前辈那里继承下来的。他告诉我们，灵魂确实是上帝所创造的万物中的中项。它处于较高存在物和较低存在物的中间，同时具有前后两者的某些属性。[1]

费奇诺还不满意静态的等级体系，在这种等级体系中，每一等级仅仅列于其他等级以外，它们的关系只是一种属性的连续不断的递变。他确信宇宙必定是动力系统，能动的力量与亲和力把它的各种各样的部分和等级集合在一起。因此他复活了新柏拉图主义世界灵魂的学说，使占星术成为相互影响的自然体系的一部分。既然对于费奇诺来说，思想对其对象有着积极的影响；既然按照柏拉图《会饮篇》的讲法，爱是把万事万物结合起来的能动力量；既然人的灵魂把它的思想和爱扩展到从最高到最低的万事万物中，于是，在一种新的意义上，灵魂再次成为宇宙的中心。灵魂是自然中最伟大的奇迹——它把万事万物结合在一起，它是万事万物的中心，它拥有全部的力量。因而把它称之为自然的中心，万事万物的中心，宇宙的联结物和接合点，是完全正确的。[2]

在一段时期里很有影响的费奇诺宇宙论是令人感兴趣的，但是它只构成他的哲学思想的一个方面。他的以直接的内在经验为基础对精神生活或沉思生活的分析，则是他的哲学思想更为深刻的另一个组成部分。这种分析把他和一些中世纪神秘主义者、进而还和新柏拉图主义者联结在一起。面对我们普通的日常经验，我们的心灵发现它自身处于不断骚动不安和不满足的状态。

1　费奇诺，《全集》，第119页；P. O. Kristeller, *Il pensiero filosofico di Marsilio Ficino*，佛罗伦萨，1953年版，第102页（《费奇诺的哲学》，纽约，1943年版，第106页）。

2　《全集》，第121页；P. O. Kristeller，《费奇诺的哲学》，佛罗伦萨版，第118页（纽约版，第120页）。

然而，它能够摆脱形体和外在世界，能够集中注意自己内在的本体。因此，灵魂为了从外在事物中把自己纯化出来，就得进入沉思生活，获得较高级的知识，去发现非形体的概念的世界，而当灵魂卷入日常的经验和外在于生活的烦恼中时，这样一个世界对它来说是封闭的。费奇诺把这种沉思生活解释成灵魂永远朝着真理和存在的更高等级逐步上升的过程，上升到最后就是直接认识和洞见上帝。这种对上帝的认识是人的生活和存在的终极目标。只有在这种认识中，我们心灵的不安才会满足，人们应该把一切其他样式和等级的人的生活和知识理解为对这一终极目的之多少直接的或者说自觉的准备。费奇诺按照普罗提诺的观点，确信这种最高经验能够在现世生活中获得，至少能为少数有特权的人在短期内获得，虽然费奇诺没有明确宣称他自己已经达到这种状态。[3]

在描述内在经验的不同阶段和最高目标时，费奇诺使用了一个双重术语，这一点他受到了圣奥古斯丁的影响，也受到了中世纪哲学家的影响。灵魂向着上帝上升的过程是借助于智慧和意志这两只翅膀完成的，因此在认识上帝的每个阶段都伴随着对上帝之爱，而最后洞见到上帝的梦想则伴之以一种享受的行为。费奇诺还考虑了在这个过程中，智慧与知识以及意志与爱何者较为重要的问题，虽然在他的著作的不同部分，他似乎得出了不同的结论。但是总起来看，他倾向于认为意志和爱优于智慧和知识。[4]对他来讲这个问题并不像人们期望的那样重要，因为他认为认识上帝和热爱上帝不过是同一基本经验——灵魂通过沉思上升到它的最高目标——的两个不同方面或不同的解释。

这一经验和说明这一经验的方式是费奇诺的形而上学和伦理

3　《费奇诺的哲学》，佛罗伦萨版，第238–239页（纽约版，第224–225页）。

4　同上书，第289–296页（第270–276页）。

学的关键。这一关键是沉思的内在上升，在这种上升中，无形东西的实在性、观念的和上帝自身的实在性被发现和证实。此外，既然这种内在上升构成人的存在的基本任务，所以费奇诺对具体的道德戒律和诡辩术并没有兴趣，他的兴趣只在于把人的善和人的道德上的优点与内在生活普遍地等同起来。像他在自己的信中说的那样，他的全部道德学说可以说是把所有具体准则归结为对沉思生活的赞美。那已经获得这种生活的人，可以免除命运的打击，由于为自己的内在确定性和洞察力所推动，他在任何环境中都会知道并且做出正确的事情。[5]

费奇诺的灵魂不朽说和他的柏拉图式的爱的理论，也都具有巨大的历史重要性，而且与他的关于沉思生活的学说有密切的关系。

灵魂不朽是费奇诺的主要哲学著作《柏拉图的神学》的主题。这部著作有一个副标题"论灵魂不朽"，书中内容大部分是支持灵魂不朽说的一系列论据。费奇诺著作中有两段重复出现的著名的话，从这两段话也可以看出费奇诺把灵魂不朽说视为自己的柏拉图主义的中心宗旨，把自己放在与当时亚里士多德学派哲学家的学说直接对照的位置上。[6]确实，柏拉图、普罗提诺、圣奥古斯丁和其他许多基督教作家都曾捍卫灵魂不朽说，而费奇诺也从这些前辈那里借用了许多具体的论据。也可以认为，阿威罗伊〔Averroes〕关于所有人的智慧是统一的理论（该理论从13世纪到15世纪为亚里士多德学派哲学家广泛地接受或讨论）为个人灵魂不朽的绝对律令做了辩护。我们可以补充说，人文主义者已经把个人的存在、他的经验和他的观点放在非常重要的地位上。我们

5　《费奇诺的哲学》，佛罗伦萨版，第311–325页（纽约版，第289–303页）。

6　《全集》，第872页和第1537页；《费奇诺的哲学》，佛罗伦萨版，第20页（纽约版，第29页）。

还可以说，相信个人的灵魂不朽似乎是这种个人主义的一个形而上学的补充，是它向另一领域的扩展。[7]

但就费奇诺的情况来说，灵魂不朽说显然是他对人的存在和人的生活目标所做的解释的必然补充和结果。倘若通过一系列等级上升到直接洞见上帝和享有上帝是我们的基本任务，那么，我们必须假定，这个最高目标不仅可以为少数人在短时间内达到，而且也可以为许多人永远地获得。否则，人们为实现这个最终目的所做的努力将是徒然的，人所预定的这个目标将仍没有实现。这样，人就比动物还要不幸，动物还实现了它们的自然目的。这与人在宇宙中所据的地位之尊严是不相一致的。此外，与所有的人都具有的自然欲望相对应的自然目的就不能达到，而这将与自然秩序的完满性并与创造这个秩序的上帝的智慧形成一种对比。在《柏拉图的神学》和其他著作中，费奇诺不厌其烦地重复上述的观点以及与之相似的论据，这显然反映了他的思想的真实意图和动机。因为，除非升向上帝的沉思在不朽灵魂的永恒来世中得到永久的实现，否则，把人生看作是升向上帝的沉思的全部解释就将丧失其意义。我认为唯有这一点能够说明他为什么把灵魂不朽说放在这样一个中心的位置上。他所用的一切其他论据都是围绕这一中心的。[8]

费奇诺的灵魂不朽说和他为此提出的论据给16世纪许多思想家以深刻的印象。1512年拉特兰会议正式宣布灵魂不朽说为天主教的一个教义，这件事可以看作是由于费奇诺的间接影响的结果。

费奇诺人类之爱的学说有同样的历史重要性（虽然具有另一种性质）。在这个学说中（像在其他的学说中那样）费奇诺把从

7　最近关于文艺复兴时期思想的灵魂不死说的论述，可见 G. Di Napoli, *L' immortalità dell' anima nel Rinascimento*，都灵，1963年版。

8　《费奇诺的哲学》，佛罗伦萨版，第358–378页（纽约版，第331–348页）。

许多不同的来源和传统得来的因素糅合在一起。费奇诺接过并重新解释了柏拉图在《会饮篇》和《斐德罗》中表达的那种爱的理论，把它与其他一些古代的关于友谊的理论——他最初是从亚里士多德和西塞罗那里知道的——结合在一起；他试图把它与圣保罗称赞的基督之爱同一起来；他甚至还加上了一些他从圭多·卡瓦尔坎蒂［Guido Cavalcanti］、但丁和其他早期托斯卡纳诗人那里了解到的中世纪礼仪之爱的传统。费奇诺的这个学说首先是由他在对柏拉图的《会饮篇》的注释表述出来的，以后又在他的许多书信和别的著作中得到了进一步的发展。这个学说在16世纪产生了巨大的影响，而在这个理论中费奇诺自己就创造了柏拉图式的爱和苏格拉底式的爱这样的用语。按照费奇诺的解释，"柏拉图式的爱"这个词是指柏拉图描绘的爱。费奇诺更是经常地把它说成是神圣之爱。基本观点是：他认为对另一个人的爱仅仅是对上帝的爱的一种多少有意识的准备，对上帝的爱构成人的欲望的现实目标和真实内容。对上帝之爱只是由于神性的善和美的反射之光可能在人和物当中出现才转向人和物的。他坚持认为真正的爱和友谊总是相互的。两个人之间的真正关系是建立在人的本质上的一种交往，即这种关系是以每个人对上帝原初的爱为基础的。绝不可能只有两个朋友，永远必定有三个朋友，两个人和一位上帝。唯有上帝是真正友谊的不可解的纽带和永恒的保卫者，一个人对另一个人的爱只是出于上帝的缘故。换言之，若干人之间的真正的爱和友谊是从个人对上帝的爱那里得来的，因此，这种爱和友谊就归结为构成费奇诺哲学核心的内心沉思上升的基本现象。[9]

9　《费奇诺的哲学》，佛罗伦萨版，第282–289页，第296–310页（纽约版，第363–370页，第276–288页）。

从费奇诺的书信可以看到，他认为在此意义上的真正的友谊是一种纽带，它把他的学园的成员彼此结合起来并使他们与他本人即他们的大师结合起来，他喜欢把学园看成不只是一个学派，而且是友人的团体。

柏拉图式的爱，这个概念在整个16世纪对意大利和欧洲文学产生强烈影响。许多抒情诗人在讲他们的爱时所用的措辞反映了费奇诺的影响，也反映了彼特拉克温柔的新颖风格［dolce stil nuovo］的影响，还有大量论爱的文章和演讲，这些文章和演讲从费奇诺为《会饮篇》写的注释中直接或间接地获得启发。在这种文学中，柏拉图式的爱的概念离开了费奇诺提出这些概念时的哲学上的前后联系，并且越来越淡薄和微不足道。因此，对现代读者来说，柏拉图式的爱的概念已使人感到有点可笑。但是，我们应该重新把握这个概念的原意，并且记住，只有根据一个概念产生时的前后联系，才能最好地理解这个观念的真实含义，而且在某种意义上这种联系又是系统说明这一概念所必需的。如果我们追溯费奇诺著作中的柏拉图式的爱的来源，也许这种爱仍是陌生的和模糊的概念，但是我们起码应该认识到这个概念具有严肃的内容，与他的哲学的中心思想相关联。

我打算说明的费奇诺思想的最后一个方面是他的宗教概念及其与哲学的关系。费奇诺是个牧师和佛罗伦萨大教堂牧师会的成员，他有相应的基督教神学的知识，甚至写过一篇为基督教神学辩解的文章和若干其他神学著作。虽然他的一些学说似乎含义暧昧，虽然他由于在《论生命》（1489年）中的关于占星术和巫术的观点而几乎受到教会的谴责，但是，他倾向于正统这一点是毫无疑问的。他坚持自己的基督教信仰，服从教会的裁决。并且，如果他所喜欢的柏拉图主义哲学家的观点与基督教学说发生矛盾的话，他甚至情愿放弃前者。所以，当听到他说基督教是一切宗教中最完美的宗教时，我们并不会感到惊讶。同时他看到其他形形色色宗教中的一些优点，认为任何宗教无论多么原始，至少间接地与一个真正的神有关。费奇诺的这种对其他宗教不明言的宽容态度，非常接近自然宗教的观念，这种态度使他成为切尔伯雷的赫伯特［Herbert of Cherbury］、自然神论者和普世宗教拥护者的先驱。他说神性的敬仰对人来说是合乎自然的，就像马嘶狗叫是合乎自然的一样。所有的民族的以一个神为对象的共同宗教对人类来说是合乎自然的。这种宗教也是建立于人对上帝的最初认识和热爱之上的，动物没有这种宗教，它是人所特有的，是人的尊严和人的优越性的一部分，是对人的本性的许多缺点和弱点的补偿。[10]

关于宗教和哲学的关系，费奇诺确信，真正的宗教即基督教，和真正的哲学即柏拉图主义，在根本上是彼此能调和一致的，他倾向于把它们看成是姐妹，而不是使一个从属于另一个。他相信柏拉图的理性的任务是证实和支持基督教的信仰和权威，甚至认为为了真正宗教的利益而复兴真正哲学，这是神意安排给他自己的使命。因为那些不能仅仅靠信仰引导的人，只能通过理性和最完善的哲学走向真理。[11]

根据这种宗教与哲学的关系，继续柏拉图的传统对费奇诺来讲就具有新的意义。因为这个传统使人回想到赫米斯和琐罗亚斯德，它与希伯来人的宗教传统一样悠久。因此，希伯来人和基督徒的宗教传统与炼金术士和柏拉图主义者的哲学传统，从最早的开端起，经古代、中世纪，直到现代，在人类历史上一直在并行

10　《费奇诺的哲学》，佛罗伦萨版，第342–345页（纽约版，第316–319页）。
11　同上书，第346–349页（纽约版，第320–323页）。

的道路上行进。[12] 正是按照费奇诺的这个观点，16世纪天主教神学家奥古斯丁努斯·斯蒂科［Augustinus Steuchus］著述了《永恒的哲学》（1540年）一书，该书名是他为柏拉图传统创造的术语，[13] 但是近来这个术语被托马斯主义的传统据为己有（这样做的历史上和哲学上的凭证尚不足）。

费奇诺学说的本质和性质，在他生前和后来很长时期中一直受到人们重视，甚至当人们把他看成仅仅是早期思想的传递者时也是如此。我们已经提到过这种影响的一些例子，但是，在结论中，更充分地描述它的性质或许是有用的。佛罗伦萨是文艺复兴运动的美丽首都，和雅典、巴黎一起是西方文明的主要中心之一。在这一城市的范围内我们必须承认这一事实：费奇诺与其他佛罗伦萨伟大思想家不同（他们有的是诗人或政治家，有的是艺术家或科学家），他是佛罗伦萨最伟大的哲学家和名副其实的形而上学家。他和他的学派为佛罗伦萨文化的整个时期打上了自己的印记，为这个时期增添了一个前所未有的要素，这一要素在好几代人中存留着。15世纪后期的许多佛罗伦萨学者和作家表现出受到了费奇诺的柏拉图主义的影响，这些人有：克利斯托福罗·兰迪诺——《卡马尔都修道士的争论》的作者和但丁《神曲》的有影响的注释的作者；洛伦佐·德·美第奇——他不仅是卓越的政治家，也是该世纪最杰出的意大利诗人之一。费奇诺的学生弗兰西斯科·达·迪亚切多［Francesco da Diacceto］把他的传统带进了16世纪的头十年，在这一世纪的后期，佛罗伦萨学园（1540年新建）和比萨大学都研究柏拉图的哲学。正是在佛罗伦

12　《费奇诺的哲学》，佛罗伦萨版，第16—20页（纽约版，第25—29页）。

13　16世纪，斯蒂科的著作印刷了许多次。应该注意到，他关于永恒哲学的概念，包括亚里士多德哲学、希伯来神秘哲学和基督教哲学的传统。这种见解使他更接近皮科而不是费奇诺。

萨和比萨的这种柏拉图主义的舆论气氛，是形成伽利略的一些思想和先入之见的原因，如他的著作所清楚地表明的那样。在意大利其他地方，人们普遍熟悉费奇诺，并且阅读他的著作。像我们已经指出的那样，诗人和散文作家吸取他的爱的理论，神学家和哲学家采纳他的灵魂不朽说和其他一些思想。在一些主要的哲学家如帕特里齐和布鲁诺那里也能觉察他的影响。甚至反对他的观点的那些思想家也对他的学识和敏锐留有很深的印象。

　　费奇诺的影响绝不限于意大利。在他活着的时候，他的私人联系和他的著作的传播就已经可追溯到欧洲大多数国家：匈牙利、捷克、波兰、西班牙、英国、法国和德国。他的赞扬者中最著名的有：吕契林〔Reuchlin〕、柯莱特、伽古安〔Gaguin〕和列斐伍尔·德·埃达普尔〔Lefèvre d'Etaples〕。16世纪整个欧洲都重印、收集、阅读和引用他的著作。在德国，他的医学和占星术的文章特别流行。在意大利以外，他的学说最流行的地区是法国。[14]多产作家辛福利安·尚皮埃〔Symphorien Champier〕大量地引用和剽窃他的观点。纳瓦拉的玛格丽特王后〔Queen Marguerite of Navarre〕的团体，里昂诗社和七星诗社是他的影响范围的其他一些中心。他们把他的一些著作和他翻译的柏拉图著作的部分拉丁文译本译成法文。我们在博维卢斯〔Bovillus〕、波斯特尔〔Postel〕、路易·勒罗伊〔Louis Le Roy〕和博丹的思想中，发现他的柏拉图主义的因素，而在有时也自称是柏拉图主义者的彼得·拉穆斯〔Peter Ramus〕的思想中，这种因素还不如在他的死敌雅克·夏庞蒂埃〔Charpentier〕那里来得多。甚至在笛卡儿的著作中，除了近来已被非常重视的经院哲学的因素，

14　A. M. J. Festugière，*La Philosophie de l'amour de Marsile Ficin et Son influence sur la littérature française au Xvle siècle*（巴黎，1941年版）；W. Moeneh，*Die italienische Platonrenaissance und ihre Bedeutung fuer Frankreichs Literatur und Geistesgeschichte*（柏林，1936年版）。

还有强烈的柏拉图主义（和斯多葛主义）的因素，这些因素过去很少被讨论，但确实存在。[15] 法国之外，我们只需提一下爱拉斯谟、莫尔、福克斯·莫西洛［Fox Morcillo］、帕拉塞尔萨斯［Paracelsus］、柯尼留斯·阿格里帕［Cornelius Agrippa］，最后还有刻卜勒，以便认识到柏拉图主义对于16世纪欧洲思想的重要性，这种重要性与马尔西利奥·费奇诺的著作、译著和注释有密切的关系。

伽利略、笛卡儿之后，随着17世纪的到来，开始了欧洲哲学和科学的新纪元。在以实验和数学公式为基础的自然科学的框架中，文艺复兴时期的思辨的宇宙论已没有存在的余地了。柏拉图主义的影响仍然保留在像斯宾诺莎、莱布尼兹、马勒伯朗士和贝克莱这样一些伟大哲学家的形而上学和认识论中。它还在剑桥学派这类第二流的流派中获得新生。此外，在科学领域以外，文艺复兴运动的柏拉图主义的宇宙论还残存于后来几个世纪的诗歌和神秘主义中。柏拉图本人的权威对许多思想家和作家还有很大的影响力，因而我们仍然可以发现康德和歌德的一些理论与柏拉图的名字和声望连在一起，其实，这种声望事实上是属于柏拉图著作的佛罗伦萨的翻译者和注释者的。[16] 柯尔律治［Coleridge］在《文学家传记》中也告诉我们，他年轻时（将近18世纪末），读过带有注释的柏拉图和普罗提诺的著作和那个著名的佛罗伦萨人的《柏拉图的神学》。[17]

只是在19世纪，文艺复兴运动的柏拉图主义才失去这种匿名的或托名的影响。新的历史的和哲学的批判主义学派开始严格地（有时过于严格）把柏拉图的真实思想与古代后期和文艺复兴时

15　Matthias Meier，*Descartes und die Renaissance*（明斯特，1914年版）。

16　《费奇诺的哲学》，佛罗伦萨版，第110、160页（纽约版，第112–113页，第152页）。

17　《文学家传记》，第九章（J. Shawcross编，牛津，1907年版，第1卷，第94页）。

期的继承人和注释家的思想区分开来，此后，文艺复兴运动的柏拉图主义作为一种精神力量所起的直接作用就结束了。

虽然佛罗伦萨的柏拉图主义的思想以其原先的和本来的形式已不再影响我们了，但我们还是已经开始适当地估价它们的真正历史意义。费奇诺的柏拉图主义不仅仅在文艺复兴时期的哲学思想中是一个重要因素；尽管有许多缺点和弱点，它还是构成了柏拉图主义历史中的最重要和最令人感兴趣的阶段之一。我们不打算把这一历史追溯到赫米斯和琐罗亚斯德，但毕竟可以追溯到巴门尼德和毕达哥拉斯，并且这个历史进程还没有完结。对于柏拉图主义来说，如果不把它看成是原原本本地重复柏拉图的理论，而是根据每一新思想家自己的洞察和信念来不断采纳和融合柏拉图的基本主旨，那么，它将来会像过去一样，以许多不同的方式继续被重新论述和复兴。这样，就可以把柏拉图主义同样正确地看作像西方文明的其他思潮一样，是一种有生命力的传统，一种永恒的哲学（为什么不这么看呢？）。

第四章 皮 科

乔万尼·皮科·德拉·米朗多拉〔Giovanni Pico della Mirandola〕在他的一生中深受人们的爱戴和赞扬。几个世纪以来直到今天，他的声誉和魅力仍经久不衰。他的甚至扩展到群众中的感染力，比文艺复兴时期大多数别的学者和思想家都要大得多。他的富有和高贵的出身，他个人的魅力，他悲剧性的一生和早逝，他的才华横溢和学识渊博，毫无疑问，均有助于他享有盛名。研究他的著作可以看到，在表面的魅力背后，他学识厚实，思想清晰而诚实，基本观点丰富。由于他在31岁就死了，许多更有抱负的著作尚未完成或尚未动笔，最主要的是他没有机会把自己的各种卓见整理成统一体系的成熟形式。他卓越的思想仍然是片断的、零碎的，但这并不降低这些思想固有的重要性，也并不削弱其历史的影响。假如我们要想正确地理解他的著作，就应该记住这些事实。

人们常常认为皮科是文艺复兴时期柏拉图主义的主要代表之一，和费奇诺一起是佛罗伦萨学园的灵魂，甚至还高于后者。这种看法不完全错，但需要一些重要的限定。皮科在佛罗伦萨度过自己一生的最后也是最多产的六年，亲密的友谊使他和费奇诺以及佛罗伦萨学园的其他成员联系密切，也许他还参加过柏拉图学园的许多集会。这个学园有几个成员受到他很大的影响，就像受费奇诺的影响一样。

但在皮科定居佛罗伦萨之前，这个学园已经活跃了二十六年，费奇诺是无可争议的领袖，他的学说浸透学园大多数成员的思想，而皮科的学说这时尚未影响到他们。此外，皮科固然把比自己年长三十岁的费奇诺视为老师，但是，不久他便提出一系列独立的哲学理论，在许多重要理论观点上，他毫不犹豫地离开了费奇诺，但这一事实并没有损害他们之间的个人友谊。因此，即使在某种意义上可以说皮科是该学园的成员，并且，我们有些人叫以认为他的贡献比费奇诺本人的贡献还大，但出于上述理由，我们还是不能把皮科视为佛罗伦萨学园的领导人物或典型代表。

对皮科的柏拉图主义，我们也必须提出类似的限定。皮科受到费奇诺的影响，他深谙柏拉图主义的古代资料，并把柏拉图主义的学说放在某种重要的地位上，所有这一切都使他比那个时代的专业哲学家的一般态度更接近费奇诺的见解。此外，他的影响与费奇诺的影响经常相得益彰，他的名字与费奇诺的名字紧密地联系在一起。然而，与费奇诺不同，他从未宣称自己要复兴柏拉图哲学，也没有给它以超越其他哲学学派的突出地位。他甚至没有自称为柏拉图主义者，他的主要目标是要把柏拉图主义和亚里士多德主义以及其他的哲学观点调和起来。这种态度很容易理解，因为我们将会看到，他比费奇诺更熟悉中世纪亚里士多德主义的传统，他通晓犹太和阿拉伯思想的资料，而费奇诺对此则一无所知。

乔万尼·皮科于1463年出生在米朗多拉。他是米朗多拉伯爵和康科迪亚伯爵家的小儿子，这个家族是统治着意大利北部一块很小区域的封建主。他似乎早年就受过用拉丁语或许还用希腊语所进行的人文学科的教育。他母亲想让他在教会供职，他在十岁那年被命名为教皇法庭首席公证人，1477年在波洛格那开始学习教会法规。两年后，开始在费拉拉［Ferrara］大学学哲学，1480年到1482年，在亚里士多德主义传统的主要中心之一帕多瓦大学学习哲学。在帕多瓦，他是犹太人阿威罗伊主义者埃利亚·德尔·梅第戈［Elia del Medigo］的学生。在这期间，他在许多地方与人文主义学者来往，频繁地访问佛罗伦萨，在那里与费奇诺和波利齐亚诺［Poliziano］会过面。随后几年他是在家乡和一系列访问中度过的，同时继续学习希腊文。1484年他曾在佛罗伦萨住过一个时期；1485年他访问了仍然是经院哲学和神学主要中心的巴黎大学；1486年返回佛罗伦萨。在卷入一个荒唐的爱情纠纷后，他迁居佩鲁贾［Perugia］，在几位犹太教师的指导下学习希伯来文和阿拉伯文。在那里除了对阿威罗伊感兴趣，他第一次对犹太人的希伯来神秘哲学发生兴趣。后者是一种中世纪神秘主义的和思辨的传统，据称产生于古代，实际上很受新柏拉图主义思辨方式的影响。1486年年底，他完成了著名的九百论题。翌年，他邀请欧洲各地的学者来罗马参加公开辩论，在那里他为这些论题做辩护。

他的论题的一些内容引起了形形色色神学家的反对。教皇英诺森八世指定一个委员会检查这些论题。这个委员会谴责其中七个论题是非正统的，宣布六个多论题可疑，并且拒绝了皮科的解释。当皮科发表对这十三个论题的辩护时，教皇宣判九百个论题全部都是错误的，尽管皮科已经签署了认过的自白书。皮科决定逃往法国。1488年，由于教皇特使的要求，他在法国被逮捕。靠几个意大利诸侯的调停，国王查理八世把他从监狱释放出来。他回到意大利，并得到教皇允许定居佛罗伦萨。当时他似乎处在假释之下，并受到洛伦佐·德·美第奇的保护。除了对费拉拉做过几次短暂的访问，他在此度过余生，写了或者开始写自己的最重要的著作，同时，不仅与美第奇家那批人以及柏拉图学园继续保持密切接触，而且与萨沃那罗拉的联系也很频繁。1493年，英诺森的继承人，亚历山大六世宣布他无罪，称教会所有的指责和限制都是错误的。他死于1494年11月17日。正是这一天，法国国王查理八世在驱逐彼埃罗·德·美第奇［Piero de' Medici］之后进入佛罗伦萨。

皮科的早逝，在此之前还有洛伦佐、埃尔莫劳·巴巴罗和波利齐亚诺之死以及几年之后费奇诺（已经长期退出大多数活动）的逝世，标志了佛罗伦萨历史和意大利文明史的一个著名时代的结束。皮科的思想完全是属于那个时代的，也没有必要再去思考他若能有正常的寿命，他的哲学会如何发展，或者他会怎样适应新的时代这些事情了。

皮科尚存的著作与他短暂的一生相比是极其丰富的，这反映了他兴趣的广泛。他写了许多意大利文十四行体爱情诗，其中有些被保存下来了；他还写了大量拉丁文诗，大部分已散佚。他死后，他的侄儿收集了他的大量书信。可以说，这些书信与他死后出版的《演讲》一起体现了他的文学著作的人文主义部分。我们可以把他的九百个论题，特别是他1487年为教皇委员会所批判的十三个论题做辩护时所写的《辩护》看作是他的工作的学术的方面。另一部早期著作是1486年他为朋友吉罗拉莫·贝尼威尼［Girolamo Benivieni］的柏拉图式爱情诗写的长篇注释。他的成熟哲学著作有1489年的《七重天》［Heptaplus］，它对《创世记》最前面几节（第一章，第一节到第二十七节）提出七重解释；还有1491年写的、死后出版的《论存在和单一》［De ente et uno］。他最长的著作是他死后出版的反对占星术的著作，有十二卷。还有一些论宗教和神学的短篇著作和为圣经《赞美诗》写的注释的一些残篇，这些残篇保存在大量分散的手稿中。我们知道他计划写一些其他的著作，但不能确定他是否确实写了。

皮科同埃尔莫劳·巴巴罗的通信（1485年）是研究他早年的历史态度和哲学态度的具有代表性的文件，这些书信在研究文艺复兴思想的历史学家中享有盛名是不无道理的。埃尔莫劳是威尼斯的著名人文主义者，是亚里士多德希腊文原本著作的精心研究者，他规定了自己的任务就是要通过新的翻译和注释使人们知道真正的亚里士多德。1493年，埃尔莫劳很年轻就死了，留下这个未竟的任务。埃尔莫劳对通过原著所了解的亚里士多德的赞扬伴之以他对中世纪阿拉伯和拉丁文解释家的极端蔑视，他在给皮科的一封信中称中世纪哲学家是未开化和野蛮的，不值得学习和研究，这种态度使我们联想起彼特拉克。皮科回了一封长信，其中赞美中世纪哲学家并为他们辩护，并且以雄辩的口吻坚决主张，在这些哲学家的著作中有着可加考虑的有价值的东西，这倒不是他们的用词和风格，而是他们的思想和内容。有鉴于埃尔莫劳同彼特拉克和早期人文主义者一样蔑视经院哲学家，认为他们缺乏优雅和古典学识，皮科情愿承认经院哲学家的思想坚实可靠，并愿意从他们那里学习一切他们所能够提供的真理和洞见。[1]人文主义和经院主义泾渭分明，就像修辞学与哲学的分界一样，而皮科，像埃尔莫劳在复信中承认的那样，虽深谙人文主义知识，却倾向经院主义一边，或者至少倾向于公平对待对立双方的一种综合立场。费奇诺的态度尽管没有这样明确，但是基本上与皮科的

1　皮科致埃尔莫劳的信的手稿，可见E. Garin编的*Prosatori latini del Quattrocento*（米兰，1952年版），第804–823页（埃尔莫劳的回信，第844–863页）。皮科、埃尔莫劳、梅兰西顿的信的英译本，可见Q. Breen，"Giovanni Pico della Mirandola on the Conflict of Philosophy and Rhetoric"，载*Journal of the History of Ideas*，XIII（1952年版），第384–428页。

态度相似，因为他也受过相当多的经院哲学的教育，怀着极其尊敬的心情引用过一些中世纪哲学家的观点，包括阿威罗伊和阿奎那的观点。

这就是我认为许多意大利学者喜欢把佛罗伦萨柏拉图主义者仅仅视为人文主义的追随者这种观点不合适的另一理由。文艺复兴时期的柏拉图主义代表了一种新的不同的哲学观点，对于哲学，经院主义也和人文主义一样是做出了贡献的。皮科《在给埃尔莫劳的回信中》的主张必然产生了深刻影响，下面这件事便可说明问题，即在埃尔莫劳和皮科均已死后若干年，人文主义者、改革家梅兰西顿称赞亚里士多德，但是看不起经院哲学，他写了一篇文章回答皮科的信，在那里再一次为埃尔莫劳的主张辩护。[2]

皮科在给埃尔莫劳的信中为经院哲学辩护，这一点仅仅是他广泛得多的历史和哲学观点的一个具体的例子。皮科的解释者们所正确强调的他的这种态度，经常被看成是他的调和论。调和论这个词来自古代后期的调和论，那个时候，基督教尚未兴起和胜利，组成罗马帝国的许多民族的各种宗教被认为是可以调和的，他们各种各样的神已被罗马人和希腊人的神同化和统一。对皮科而言，这个词指他的这样一种信念，即所有已知的哲学和神学学派及思想家都具有某种真实和可靠的洞见，这些洞见可以彼此调和起来，因而值得重新提出和辩护。这就是他设计的争端的背景思想。因为九百个论题，包括那些"根据意见而提出"的那些看法，都是依靠极为不同的来源的：赫米斯、琐罗亚斯德、奥甫斯、毕达哥拉斯、柏拉图、亚里士多德以及后二者的所有希腊追随者和注释者，阿维森纳和阿威罗伊以及和他们一起的其他阿拉伯哲学家，托马斯·阿奎那、邓·司各脱以及一些其他中世纪拉

---

2 见以上Breen的文章。

丁语思想家，最后，还有犹太人的希伯来神秘哲学的信徒。³

在使用所有这些资料并清楚地逐条指明资料来自上述哪一位哲学家的过程中，皮科并不很想显示自己的学识——当然这或许也是一个因素——而是强调自己的基本信念，即所有这些思想家都为真理做出了自己的一份贡献。他关于那种每个不同学派和思想家都在一定程度上贡献一份的普遍真理的概念，构成了处理哲学史上显而易见的对立和矛盾的一种尝试，这种尝试可以与新柏拉图主义者和黑格尔所做的努力相比较。皮科并不像古代折中主义者那样，相信所有主要哲学家在思想上都是一致的，他们只是措辞不同。他也不像黑格尔和现代观相主义者那样，相信每一思想体系作为一个整体体现着普遍真理的一个特殊方面。对皮科来说，按照他的经院哲学的背景，真理是由大量的真的陈述组成的。各个学派的哲学家，除开他们著作中的大量错误，总还包括不少被认为是真的因而必须加以接受的具体陈述，在这个意义上，他们就占有一份真理。这就是我们能够从他的名著《演讲》中集中起来的他的意图。实际上，这篇著作构成了他设计的争端的开场白。他用这个演讲的整个第二部分来判定他的论题的性质和范围，所以，这就很好地说明为什么他在《辩护》一文中几乎逐字逐句对此加以复述。他坚持说，他不受任何大师或任何学派的学说的束缚，而是已经把他们全都加以深入研究了。他不局限于某一学派，而是从他们的所有理论中选择适合自己思想的东西，因为每位哲学家均有与众不同的贡献。⁴

可以把皮科的调和论与费奇诺的调和论做个比较。费奇诺的

3　皮科，《文集》（巴塞尔，1572年版），第63–113页（"结论"）。

4　皮科，《论人的尊严》《七重天》《论存在和单一》，收在 E. Garin 编的 *Scritti vari*（佛罗伦萨，1942年版），第138–162页，"Apologia"，载《文集》第117–124页；可参见《演讲》的草稿，收在 E. Garin 的 *La cultura filosofica del Rinascimento italiaao*（佛罗伦萨，1961年版），第238–240页。

调和论的基础是他的自然宗教论，他的柏拉图主义传统的观念，产生于赫米斯、琐罗亚斯德和其他早期神学家的那些概念以及他对柏拉图主义和基督教根本和谐的强调。皮科同样使用了这些概念，但是引入了两个新的重要因素，使这些概念成为更广泛、更丰富的综合，这两个因素是：他明确地把亚里士多德及其希腊语、阿拉伯语、拉丁语的所有追随者都包括在内；他在这些已知的来源中还加上了犹太的希伯来神秘哲学家，他是通过研究希伯来文而熟悉这些哲学家的，因此他也许是使用希伯来神秘哲学文献的第一位基督教学者。皮科的调和论的这两个方面以及他对亚里士多德主义和对希伯来神秘主义的态度，使他与费奇诺和其他前辈迥然不同；此外，这两个方面不仅在他自己后期思想中得到进一步发展，而且还深深影响16世纪的哲学。有一些历史学家正确地把佛罗伦萨柏拉图主义者的调和论称誉为通往后来宗教的和哲学的宽容理论的台阶，皮科由于扩大了那种调和论的范围和内容而为更加广泛的宽容打下了基础。

皮科采用希伯来神秘主义哲学，并不是因为他要接受各种具体的希伯来神秘主义理论，而是要赢得人们对神秘主义的承认。事实上，有些似乎是他引自希伯来神秘主义著作家的理论并非一定源出于希伯来神秘主义，例如三个世界的图式（即自然力的、天国的和天使的三个世界图式）。他把这个图式用在《七重天》头三节中。不过他的主要贡献是接受了希伯来神秘主义追随者的主张，即宣称他们的著作是以秘密的传统为基础的，这种传统在一种口传的形式中至少可以回溯到《圣经》时代。这样，希伯来神秘主义就获得了一种与《圣经》并驾齐驱的权威，类似于在费奇诺和皮科眼里赫米斯和琐罗亚斯德的神学所具有的那种权威。此外，皮科试图表明，希伯来神秘主义传统和希伯来圣经一样与基督教神学在根本上是一致的，因而可以当作是对基督教教义的预言和确认。这就是说，皮科把早已被自圣保罗以来的所有基督教作家用于《旧约》的一个原则用于希伯来神秘主义。像我们在《演讲》的第二部分中看到的那样，他这样做是为了证明自己研究和引用希伯来神秘主义是合理的。他用这种论证为基督教的希伯来神秘主义的整个传统打下了基础。在16世纪及其后，这种神秘主义有许多捍卫者，如吕契林、维特尔博的吉尔斯［Giles of Viterbo］和其他许多思想家，他们利用希伯来神秘主义为基督教辩解。[5]

在皮科九百论题以后的著作中，希伯来神秘主义的影响最为突出，这表现在《七重天》和他为《赞美诗》写的注释的残篇（其中的大部分至今尚未发表）中。我们在《七重天》中可以看到，皮科为《圣经》原文指定了对应于宇宙不同部分或地区的多重含义，这在某种程度上超出关于四种含义的中世纪的体系。此外，皮科使用希伯来神秘主义的圣书解释方法，这种方法给希伯来字母规定数值，用带有数值的词语代替《圣经》上的词语，从而引出它的奥义。我必须指出这一事实以证明希伯来神秘主义对皮科著作影响之深。尽管我尊敬皮科，但我绝不认为这种方法从语文学上说是正确的。

皮科的调和论与众不同的另一方面，是他假定了柏拉图和亚里士多德根本一致，这也是他晚年的主要工作目标。我们知道，他曾计划写一部论述柏拉图和亚里士多德的一致性的巨著。我们

5　Joseph L. Blau，*The Christian Interpretation of the Cabala in the Renaissance*（纽约，1944年版）；F. Secret，"Pico della Mirandola e gli inizi della caballa cristiana"，*Convivium*，XXV（1957年版），第31—47页；F. Secret，*Le Zôhar chez les Chrétiens de la Renaissance*（巴黎，1958年版）；G. Scholem，"Zur Geschichte der Anfaenge der Christlichen Kabbala，"载*Essays Presented to Leo Baeck*（伦敦，1954年版），第158—193页；F. Secret，*Les Kabbalistes Chretiens de la Renaissance*（巴黎，1964年版）。

还知道，他的朋友喜欢用他家族的领地的小城镇康科迪亚的名字来称他为康科迪亚公爵，即和谐公爵（因为康科迪亚［Concordiae］这个词是双关的，也有和谐一致的意思）。认为柏拉图和亚里士多德虽然措辞和外表有所不同但根本一致这种看法并非皮科的创见。西塞罗就曾表述过这种看法，这种看法也许是从他的老师、柏拉图学派折中主义的创立者阿斯卡龙的安提奥库斯［Antiochus of Ascalon］那里得来的。我们还发现，普罗提诺的老师阿莫尼乌斯·萨卡斯［Ammonius Saccas］把这种思想列入他的教学大纲，波依修斯对此表示赞成，他计划把柏拉图和亚里士多德的全部著作译成拉丁文。皮科甚至也不是这种看法的最后一个辩护者。最近许多学术研究一直打算增补上柏拉图的口头教言（人们认为这接近于亚里士多德的思想）和亚里士多德早期散佚著作中的思想（显然与柏拉图的很接近），试图在柏拉图的对话和亚里士多德的未佚失的后期著作之间的鸿沟之间架起一座桥梁。这样一来，两者的差别就变成是一种程度上的而非根本性的差别了。如果我们像许多学者那样，进一步假定柏拉图的对话所表达的并非他本人认真坚持的思想，那么这种差别便会全然消失了——从许多方面来看，这是一种方便的解决办法，但是，对研究柏拉图的思想来说，这意味着为了一个蜃景般的不可信的前提和重建，却要以牺牲我们仅有的殷实可靠的文献——对话为代价。毫无疑问，研究柏拉图的许多学者并不很满意这种解决方法。因为如果根据现有的柏拉图和亚里士多德的著作，可以看到，他们两人的差别确很明显，实难调和。因而，主张二者的思想完全一样，实际上就意味着，这些思想既是柏拉图的观点，也是亚里士多德的观点。

我们关注的那些文艺复兴时期的思想家，都没有能逃脱这种两难困境。费奇诺大体上继承了新柏拉图主义的路线，对亚里士多德也没有什么偏见，他认为：从亚里士多德对逻辑学和自然哲学所做的贡献来说，他是有用的，但是在形而上学和神学方面的贡献则远远低于柏拉图，所以，我们必须使亚里士多德从属于柏拉图，在他们的任何似乎不一致之处，我们必须遵循后者。皮科由于受过完善的经院哲学教育，更坚定地忠诚于亚里士多德及其学派。如果普罗提诺和其他新柏拉图主义者以某种与亚里士多德相矛盾的方式理解柏拉图，那么，他们的哲学观点和对柏拉图的理解一定是错误的。

　　这大致上是皮科的《论存在和单一》中的观点，这篇不长的论文是他临死前写的，是他计划为调和柏拉图和亚里士多德而写的那部著作之唯一留存下来的片断。这一论题是饶有兴趣，并具有历史的重要意义的。问题在于，存在和单一是否像亚里士多德在《形而上学》第十卷中主张的那样，是共存的，或者，单一是否像普罗提诺和其他新柏拉图主义者主张的那样，因其产生于更高的形而上学的本原，而比存在扩散得更为广泛。皮科承袭经院哲学的超验论，他打算为亚里士多德的见解辩护。然后，他一反新柏拉图主义者的主张，设法证明柏拉图的观点与亚里士多德并不对立。为支持自己的论断，皮科援引柏拉图《智者篇》中的一节，而摈弃《巴门尼德篇》的证明，他争辩说这篇对话不过是一篇辩证法的习作。（皮科的这一观点，得到近代一位学者的支持，[6]但却与黑格尔的意见相左，黑格尔认为《巴门尼德篇》是柏拉图思辨性最强的著作。）

　　在这个复杂的题目上，我们不能附和皮科的全部论点，但

6　R. Klibansky, *Plato's 'Parmenides' in the Middle Ages and the Renaissance*，载*Mediaeval and Renaissance Studies*，第1卷，第二部分（1943年版），第281–330页。

是，我们可以注意到，他敏锐地把存在本身同被参与的存在区分开来，这使他得以坚持在前一种意义上，上帝和存在是同一的，但在后一种意义上，上帝高于存在。[7]柏拉图和亚里士多德的调和所产生的恰恰是亚里士多德主义，至少从调和的措辞来看是如此，因为它排除普罗提诺和新柏拉图主义者的观点。但是在另一种意义上，它既不是柏拉图主义的也不是亚里士多德主义的。结果，皮科的主张一方面遭到费奇诺的批判，后者在为《巴门尼德篇》写的注释中为普罗提诺辩护；另一方面也遭到亚里士多德主义者安东尼奥·奇塔迪尼［Antonio Cittadini］的批判，后者系统地阐述了一系列反对意见。先是皮科本人，后来是他的侄子和编辑詹弗兰西斯科·皮科［Gianfrancesco Pico］回答了这些反对意见。[8]这种三方的争执，使人们清楚地看到那一时期柏拉图、亚里士多德和普罗提诺的解释和影响，对此值得进行比过去更加密切的研究。

对皮科的思想中另一方面，我们也许可以把它与他的调和论联系起来，这一方面表现在他对古典神话的处理中。古代哲学家尤其是斯多葛主义者和新柏拉图主义者，已经对希腊诗人的神话做出寓言式的解释，他们认为这是把异教和哲学真理调和起来的一种手法。而当中世纪语法学家继续以这种方式解释古典诗人时，他们却极度轻视异教因素，而强调其中蕴含的普遍真理，甚至基督教真理，以便证明对这些诗人的研究是正确的。人文主义者沿袭并进一步发展了这种方法，对此可以从萨留塔蒂［Salutati］对海尔库勒斯［Hercules］著作的论述（写于1406年

---

7 《论存在和单一》，第四至第五章和第八至第九章（皮科，《论人的价值》，E. Garin编辑本，第400–422页，第426–438页）。
8 《文集》，第256–312页。

以前）[9]、兰迪诺的《卡马尔都修道士的争论》［*Camaldulensian Disputations*，1475年，这部著作从道德上对维吉尔的《爱涅德》的情节做了精心的评注］中看到明显的例子。费奇诺继续了这个传统，当他用对古代神话的说明以及寓言式的解释来雕饰和美化他的著作时，他不仅利用了这些前辈的观点，而且还利用了新柏拉图主义权威者的观点。他对柏拉图《会饮篇》做的注释，像他的书信一样，充满着这种观点。一个值得注意的例子是他在注释柏拉图的《斐里布篇》的附录中对巴黎判决的论述。[10]皮科倾向于更加精细地讨论和解释古代神话，尤其是他注释贝尼威尼的爱情诗时更是如此，在某种意义上，这一注释属于费奇诺给《会饮篇》的注释的同类、同一的传统。就是在这部著作中，皮科反复说明他计划写一部关于诗的神学的论著。我们没有看到这部著作的任何残编断简，也许他根本就没有实行自己的这一计划。但是亚里士多德认为古典诗人是最早的神学家，皮科根据亚里士多德这一思想，似乎曾打算构造一个为古代诗人的神话所蕴含的细致的神学系统。[11]用这种方法，他就可能说明这些诗人都分享共同的真理，从而把他们也包括到他所主张的普遍的调和论中，这种调和论中已包括了他所知的所有哲学家和神学家。

皮科关于人的尊严及人在宇宙中地位的学说，比我们已经讨论的思想更为著名。发挥这个学说的那篇演讲也许是早期文艺复兴思想的最著名文献。这部著作的许多版本用的题目是《关于人的尊严的演讲》，但是，正像许多学者看到的那样，这个题目只适用于这篇演讲的第一部分。这部著作最初的题目就是《演

9　Salutati，*De laboribus Herculis*，B. L. Ullman编，二卷本（苏黎世，1951年版）。

10　P. O. Kristelier编，*Supplementurn Ficinianum*（佛罗伦萨，1937年版），第1卷，第80—82页。

11　皮科：《论人的尊严》，E. Garin编辑本，第546、556、581页。参见亚里士多德，《形而上学》，I 3，983b 27—32；III 4，1000 a 9—19；VII 6，1071 b 26—27。

讲》。这是为他挑起的那场争端写的开场白，我们已注意到，第二部分（没有涉及人的尊严的主题）是那场争端的实际大纲，所以特别适合他为之写作的那个场合。"关于人的尊严"这几个词显然是后来加到题目上去的，因为人们对这个演讲第一部分占支配地位的思想有特殊的感受，也许还由于像有些性急的读者经常做的那样，他们甚至读完第一部分以后就没有再读下去。

我们已经看到，在人文学科研究的每一大纲中都含蓄地强调人及其尊严，所以，人文主义者经常涉及这个题目，到了法奇奥和曼内蒂，他们就用整篇论著来论述这个题目。已经证明，人文主义者对这个问题进行具体论证时，利用了古代的和关于早期教会领袖的宗教著作的（不是中世纪的）资料，这一点，甚至从他们的引文也可以看出来。我们已知道，费奇诺也论及这个题目，并为此提出了一种形而上学的构架，他把人的灵魂放在宇宙等级体系中心的特权地位上，并通过灵魂的中介属性、通过灵魂的普遍思想和渴望，使其成为宇宙的纽带，使其成为知性世界和世俗世界的联系环节。

皮科在他的《演讲》中，在一些方面超过了费奇诺。最重要的是，他讨论这个问题并不是走马观花或者在专为研究其他主题的大作的上下文中附带进行的，而是在简短而优美的演讲的开头部分，突出地展开这个问题。此外，他的基调是强调人的自由胜于强调人的共性：他不是在宇宙等级体系中给人指定一个固定的、特权的地位，而是使人完全脱离这个等级体系。他断言，人按照自己的选择，能够占据从最低到最高的任何生活的等级。正像他所说的那样，上帝对亚当说：你既没有固定的处所，也没有自己独有的形式，我们也没有给你唯你独有的功能，亚当，你最终按照自己的判断便能具有和占有你自己希望要的处所、形式和功能。按照你自己的自由意志，不受任何强迫，我已把你放在自由意志的手里，你注定要受自己本性的限制。你有力量堕落到生命的更低形式，像野兽一般。由于灵魂的判别，你也有力量获得再生，进入更高的形式，即神的形式。[12]

这些话有点现代的口吻，它们和文艺复兴时期哲学文献中那些不多篇章一样，几乎无保留地使现代思想家甚至存在主义者感到赏心悦目。但我绝不能保证这些话原来就是这么富于现代风格，我时常说，我很难相信，如人们常说的，当皮科写这些话时，已经否定或忘记了天惠的教义。这些话毕竟是上帝在亚当受到诱惑而堕落犯罪之前对他讲的。然而，当我们想到那些改革家，甚至像蒙台涅那样伟大的人文主义者关于人的空虚和软弱所说的话时，我们不能不感到皮科的话确实是雄辩地赞美人的卓越和人的潜能，不能不愈益感到这些话的鼓舞力量。

有些学者极力轻视皮科对人的尊严的赞美，认为它不过是一篇夸张的言辞。《七重天》这部著作驳斥了这种观点，这是他许多年后为了完全不同的目的写的。在该书中，皮科再一次把人放在天使、天国和自然力的这三个世界的等级体系之外，把人自身当作第四个世界，赞美人和人的才能，虽然，把人置于更为明显的神学的关系域之中。[13]

皮科坚持人的尊严和人的自由的主张，至少部分地说明了他抨击占星术的原因。他那部尚存的最长著作就是抨击占星术的，这部书可能写于他的生命的最后几年。在这部著作中充满关于天文学方面的详细讨论，这里我们不再赘述。这部著作表明了作者对先前几个世纪占星术和反对占星术的文献的令人惊讶的精通程

12　E. Garin编辑本，第104–106页（Elizabeth L.Forbes译，收在E. Cassirer等人编的《文艺复兴时期的人的哲学》，第224–225页）。

13　E. Garin编辑本，第266–286页，第300–304页。

度。现代史学家经常把这部著作作为科学反对迷信的斗争的里程碑来加以欢呼颂扬。其实，皮科确实认为，星星只是通过光和热对地球上的万物起作用，而不是通过任何可能属于它们的超自然性质来起作用的。[14] 这种看法虽然未必与现代看法相同，但是听起来非常有理智。此外，我们知道，像刻卜勒那样的科学家还曾至少是在皮科的这部著作的影响下，改变自己对占星术的最初信仰。[15] 在皮科的时代，相信占星术不仅仅是迷信，反对占星术未必就是科学的。占星术作为一般的体系，与当时科学宇宙论有着密切的联系，因而被广泛地接受，不仅江湖庸医接受它，而且许多严肃的思想家如庞达诺［Pontano］、费奇诺、彭波那齐等也接受它。没有任何证据可以说，皮科在这方面有所特殊，是受着科学思想指引的。我们必须正视这一事实，即皮科在拒绝占星术的同时却接受自然巫术。我们偶然地知道，皮科这部反对占星术的著作只是作为他计划写的一部更大的著作的一部分，到他死的时候这部著作尚未完成。而且，这部书直接是为反对教会的敌人而写的。他的反对占星术的基本动力来自神学而不是科学。他不止一次地指出，他主要反对占星术的这样的看法：星座是形体，我们本身是精神；肉体的因而是较低的存在不应影响我们的较高自我并限制其自由。[16]

最后我们谈谈皮科关于宗教与哲学关系的思想。大量文献可以证明，皮科晚年日益关心宗教问题，这种思想发展一定是由

14　皮科，*Disputationes adversus Astrologiam*，第1卷，第一、五、二十四章（E. Garin编，第1卷，佛罗伦萨，1946年版第178、210、386页）。参见E. Cassirer，"Giovanni Pico della Mirandola"，载*Journal of the History of Ideas*，III（1942年），第123–144页，第319–346页。
15　刻卜勒，"Harmonia Mundi"，第4卷，第七章，载于他的*Gesammelte Schriften*，M. Caspar编，第6卷，慕尼黑，1940年版，第266页。
16　同14，第3卷，第二十七章（Garin编辑本，第1卷，第416页）。可见E. Cassirer，*Individuum und Kosmos in der Philosophie der Renaissance*（莱比锡和柏林，1927年版，达姆施塔特重印，1962年），第124–126页。

于教皇谴责他的论题而产生的震惊以及萨沃那罗拉对他的影响所造成的。他的几篇后期著作中的宗教和神学的内容以及他反对占星术文章的宗教动机，都可说明这个事实。在《论存在和单一》一书的某些段落中也找到了一个出乎意料的表述，而这部著作所研究的是与此极不相干的问题。皮科在这里告诉我们，上帝就是黑暗，而哲学知识只能引导我们在通往上帝的道路上达到一定地点，超越这个限度，就必须由宗教来指引。[17] 至少皮科在他的思想的这个阶段上，比费奇诺更加"神秘"，费奇诺把哲学和宗教平行论引向极端，他认为哲学知识没有限度。相反，皮科却主张宗教似乎是哲学的充分发展：宗教有助于我们达到最终的目的，而哲学只能为我们达到这个目的做好准备。[18]

但愿我已经说明了皮科的思想非常重要并且具有独创性，虽然他的寿命不长，未能把自己的思想构成首尾连贯的整体。尽管他的著作是一些残编断简，却在很长的时期中产生了广泛的影响。他的调和论比费奇诺的内容更加丰富，所以，也更接近于后来人们企图系统地阐述一种普遍宗教的努力。虽然在皮科之前也并非完全没人研究希伯来文和阿拉伯文，但是他的研究作为非常著名的榜样，推动了基督教的欧洲对它们的研究，导致了对希伯来圣经的研究，并且导致了犹太和阿拉伯原著的许多新的译本的出现。他对希伯来神秘主义的研究和应用，是一股广阔而强有力的基督教希伯来神秘主义的潮流的开端，这股潮流盛行于整个16世纪，在它的代表人物中有许多杰出的学者和思想家。在文艺复兴后期的许多学者眼里，皮科所高度赞扬的希伯来神秘主义文献，加入了柏拉图、新柏拉图主义者、赫米斯、琐罗亚斯德、

17　第五章（E. Garin编辑本，第1卷，第406–422页）。
18　《文集》，第359页。

奥甫斯和其他一些曾得到费奇诺信任的异教神学家的行列（19世纪的学者认为皮科"与愚昧无知的作家不同，他有渊博的知识"[19]）。在这方面有大量的哲学和形而上学的文献，虽然并不产生于基督教，但人们相信它们在根本上与基督教的教义能够协调，这些文献有的内容深刻，有的则通过纯正的信仰和矫揉造作的解释而貌似深刻，它们与亚里士多德的传统完全不同，也许可以也许不可以与这种传统相调和，但是，无论如何，在此传统以外，它们构成当时所能达到的最为严密的一整套哲学思想。

　　这也许就是佛罗伦萨柏拉图主义——皮科和费奇诺一起——留给16世纪的哲学、神学和文学，留给他们的后继者——哲学家、诗人和神秘主义者——直到浪漫主义时代，甚至直到今天的时代的庞杂遗产中最为奇特的一部分。这宗遗产的一部分受到人们赞扬，给人以深刻的印象，同时另外一部分却并不适合包括我本人在内的一些人的口味。我们必须接受这样的事实，即在过去时代的思想中，也许像在我们自己时代的思想中一样，真理与谬误，有意义的东西与无意义的东西总是结合、交织在一起的。作为历史学家，我们必须接受以往的资料提供给我们的混合物；作为哲学家，我们最该做的就是学习皮科、他的伙伴以及他的追随者，按照他们对待前辈的态度来实践：采纳前辈能够提出的一切真理和思想，尊重甚至称颂前辈对普遍真理所做出的任何贡献，因为普遍真理永远只能一部分一部分地被发现。皮科虽然不是由于科学的原因举起利斧来对准迷信即占星术的，但是，就他举起利斧对准迷信这一点来说就应给他以荣誉。占星术在后来一百多年仍受到尊敬，直到比皮科更伟大的科学家出来设法结束人们对占星术的尊敬（虽然不是消灭它），占星术才失去了它以往在

19　A. Lobeck，"Aglaphamus"（柯尼斯堡，1829年），第1卷，第407页。

人们心目中的地位。最后，皮科颂扬人的尊严的歌声越过好几个世纪，直到我们的时代仍响彻寰宇，甚至那些对文艺复兴思想的其他交响曲充耳不闻的人，甚至那些自命为现代人文主义者的人也都听到了这种歌声。现代人文主义者忘记了"人性"［*humanitas*］[20]除了友善感情，还包括文科教育和某些学识（我不敢像杰利乌斯［Gellius］那样，把这种见解称为粗俗[21]）。记住这一点就够了：皮科在赞扬人及其尊严时，总结了几代学问渊博的人文主义者的期望，并补充了某些他们尚不能提出的一种形而上学的关系域和一种哲学的意义。

---

20 拉丁文，C. T. Lewis编的《拉丁文辞典》（牛津1879年版）中有如下的释义：人性；对别人的仁慈行为；人类（hlimitn nature，humarl or gentle conduct towards the others；the human race）。——译者

21 *Noctes Atticae*，XIII，第17页。

第五章　彭波那齐

　　彭波那齐和皮科是同时代人，但他的著作却把我们带进一个新的世纪——16世纪，把我们带进了另一个哲学学派——亚里士多德主义。我们不应该把它称为新的学派，因为它的古老的渊源几乎和柏拉图主义一样悠远，至少从12世纪以后，它的中世纪历史更是连绵不断，在传统的制度中更为根深蒂固。如果我们确定，人文主义在13世纪末产生于意大利，那么这时亚里士多德主义就是稍微老一些的学派了，虽然它在意大利的历史并不很老。如果我们认识到人文主义在职业上和学术上与人文学科的联系，认识到亚里士多德主义与哲学学科，尤其是与逻辑学、自然哲学及多少还与形而上学的联系，而人文主义者主张唯有道德哲学是他们研究领域的一部分，那么我们就可以最好地理解人文主义与亚里士多德主义长时共存和偶尔冲突的道理。我们可以在某种程度上把这两种传统的冲突比作现时代的科学与人文学科之间的冲突。

　　在12世纪和13世纪中，亚里士多德主义的兴起是中世纪思想史的一件大事。首先，它反映了知识的扩大已超出七艺的狭隘局限，七艺曾限制了中世纪头几个世纪人们的眼界；其次，通过从希腊文和阿拉伯翻译过来的拉丁文译本，引进了大批以前西方读者看不到的科学和哲学文献，在其中，亚里士多德和他的阿拉伯注释家阿威罗伊的著作扮演着非常重要的角色；第三，特别是在法国、英国和意大利，出现了新型的更高的学习机构——大学，这时，在大学中，包括哲学在内的进步学科从七艺的百科全书式的知识中解放出来，专家们以培养专家为目标，用新获得的原文为基础，采取一种新的方法讲授那些学科。这种方法包括课堂讲课和争论，这些讲课和争论是以评论和提问的方式来进行的。这种讲课和争论引据标准的权威，使用固定的专业术语，采取非常成熟的、规则严谨的推理和系统论证的方法。

在巴黎大学和其他北方大学，亚里士多德的教材和阿威罗伊的注释本，最初遭到一些反对，到13世纪中期已牢固地被确定下来了。虽然由于神学在这些大学中处于统治地位，人们经常把学习和教授哲学当作研究神学的准备，但是哲学曾经是并且总是与神学截然不同的。在意大利，亚里士多德主义的作用是以十分不同的方式发展的。整个中世纪和文艺复兴时期，神学在意大利大学里或者阙如，或是扮演着边缘的和服从的角色。这些大学创建了医学院和法学院，当亚里士多德哲学的研究被引进时，就与医学的研究建立了密切的联系。

12世纪后半叶，在萨莱诺大学已经可以看到这种倾向最早的痕迹，但是它的充分发展却始于13世纪后半叶的博洛尼亚大学，从那里传播到帕多瓦大学和其他大学。自13世纪末以来，也即大约在意大利人文主义兴起的同时，意大利的大学也稳步地、连续不断地造就了一大批讲授亚里士多德哲学的教师，他们的教学也留下大量的文献，这些园地至今大部分尚未开垦。意大利亚里士多德传统继续朝气蓬勃地发展，通过整个15、16世纪，甚至一直到17世纪经久不衰。所以，人们很难相信一些文学史家的看法，他们宣称亚里士多德学说被彼特拉克和他的人文主义追随者打败了，因为在彼特拉克死后很久，亚里士多德学派还出了极重要的一些代表人物。

根据其源流和权威，我们必须把这一传统称之为亚里士多德的，而根据其术语、方法和风格，也可把它称之为经院的。但它完全是世俗的，也可以说是自然主义的，因为它与医学有密切的联系，而与神学则缺少联系（虽然人们经常认为它不反对神学，更不用说反对宗教了）。人们常常称它为阿威罗伊主义，而我则乐于把它称为世俗的亚里士多德主义。因为他们使用的阿威罗伊的注释，别的学派也用，并且阿威罗伊与众不同的理论，例如智慧统一，意大利亚里士多德主义者也并非始终承认。人们也常常把它称之为帕多瓦学派，而我则喜欢称之为意大利学派。15、16世纪，帕多瓦大学在亚里士多德主义传统中已占据特别重要的地位，但是，它没有垄断这个运动，也没有统一它的学说。此外，从14世纪前期到中期，帕多瓦大学在这一传统的发展中的地位不及波洛尼亚，甚至在此之后，其他大学的贡献也比我们通常了解的大得多。

正是意大利亚里士多德主义这一传统，即通常所说的帕多瓦的阿威罗伊主义，造就了彭波那齐和与他一起的整整一大批著名的亚里士多德学派的哲学家，对于后者我们在此没有机会去介绍了。研究意大利文艺复兴运动的史学家常常忘记彭波那齐应该是一位广泛的哲学运动的代表，但是，这一点事实上可以说明该时期哲学领域中的很大一部分学术和著述的活动。作为最卓越的代表人物之一，彭波那齐本身就是这个运动的重要性和生命力的见证。

到彭波那齐那个时代，意大利的亚里士多德主义已经盛行几百年了，它在彼特拉克和其他人文主义者的攻击下幸存下来，并且在14世纪末，它从巴黎大学和牛津大学获得新的重要动力。

　　毫无疑问，由于彭波那齐所受的教育和个人经历，由于他的思想渊源和权威，彭波那齐的方法和风格，都必须被看作是该学派的典型产物。然而，如果假定他根本没有受到他生活的那个时代的其他思潮的影响，或者，因为用亚里士多德主义这样简单的标签不能适当地说明有创见和思想充沛的思想家的复杂思想（在这方面，彭波那齐和其他思想家一样）而表示惊异的话，那么这些想法和惊异都是错误的。彭波那齐阅读并尊重费奇诺的著作，正是费奇诺使他能够熟悉柏拉图的著作，使他注重研究灵魂不死的问题。他用以说明人在宇宙中的地位的方法显然受到费奇诺和皮科的影响。在许多其他点上，他也表现出受到了他生活的那个时代的广泛的人文主义运动的冲击。除了注释和疑问文，他精修专题论文，甚至还谨慎地尝试使用对话体。他有时喜欢用有教养的人文主义的时尚方式谈论自己，并引用备受欢迎的人文主义资料，如西塞罗和普鲁塔克的著作。他关于美德是自身的报偿的理论来自斯多葛学派的前辈，而不是来自亚里士多德学派的先驱，他所坚持的人的目的在于实践的美德而不是沉思冥想这个观点与亚里士多德并不一致，可能多少是受了西塞罗和早期人文主义者布鲁尼和阿尔贝提［Alberti］的市民人文主义的影响。

　　我们甚至可以把人文主义传统与彭波那齐对亚里士多德的希腊注释家阿弗洛底西亚的亚历山大［Alexander of Aphrodisias］的兴趣联系起来。在中世纪只有很少的人知道亚历山大，但在大约16世纪初，通过新的译本，他的著作才更广泛地传播开来。[1]彭

1　F. Edward Cranz，“Alexander Aphrodisiensis”，收在P. O. Kristeller编的*Catalogus Translationum et Cominentariorum*（华盛顿，1960年版），第77–135页；F. E. Cranz，“The Prefaces to the Greek Editions and Latin Translations of Alexander of Aphrodisis，1450 to 1575”，*Proceedings of the American Philosophical Society*，CII（1958年版），第510–546页。

波那齐经常被贴上亚历山大主义的标签，尽管这个标签本身非常值得怀疑，并且容易引起误解。但是我们从彭波那齐1504年写的一篇早期疑问文可以知道，他关于灵魂不死的观点和他在1516年写的后期论文的观点一样，来自亚历山大。我们还知道他的论著《论命运》是在他偶然读到亚历山大关于这一主题的论著的新译本后写成的。尽管事实上这部所谓的亚历山大主义者彭波那齐的著作是为斯多葛主义观点辩护并且反对亚历山大的。但愿我这个开场白不会造成太大的混乱，而有助于消除一些经常与彭波那齐名字联系在一起的错误的和引人误解的概念。

彼得罗·彭波那齐〔Pietro Pomponazzi〕1462年出生于曼图亚〔Mantua〕。他在帕多瓦大学学习哲学，在获得学位后，1488年成为特聘哲学教授，1495年成为普通或正式教授。当这个大学在1509年因坎姆布雷同盟战争而关闭时，他离开了帕多瓦，在卡尔皮〔Carpi〕的领主阿尔伯托·皮欧〔Alberto Pio〕那里住了一段时间，后来搬到费拉拉大学，并且最后在博洛尼亚大学获得教授职位，从1512年到1525年他逝世为止，他一直在该校执教。他结过三次婚，有两个孩子。

彭波那齐的著作只有一小部分是在他生前出版的。其中最为著名的是《论灵魂不朽》，此书1516年写成后，立即引起轩然大波，遭到许多哲学家和神学家公开的攻击，彭波那齐随即用了比原著还要长的两部论著来进行辩护。也许由于这次经历，他没有再出版过其他著作，只是在1525年再版《论灵魂不朽》的三篇论著时，增补了几篇短小的非论战性的哲学疑问文。他的论文《论咒语》和《论命运》也同样重要，均大约著于1520年。他死后，由一个流亡的新教徒分别于1556年和1567年在巴塞尔出版。他的其他大批著作以手稿的形式保存下来，对于这些资料的研究和出版还只是开了个头。在这些未发表的著作中，关于亚里士多德学派和其他的问题的质疑比较重要，也许他是通过这些质疑来表达自己的观点，所以，它们相当直接地反映了他自己的思想。另外一大部分没有发表的著作是他关于亚里士多德许多著作的课堂讲义。这些讲义是学生记录下来的，每年每种抄本的内容都有相当的出入。因此，任何试图重新说明彭波那齐思想和哲学发展的人，在使用这些讲义时必须谨慎从事。

彭波那齐使自己的文体尽力远离人文主义的优雅风格，他的文体相当典型地代表了经院哲学用语和论证的颇为晦涩的文风，固然他时而也能做简明的阐述，也具有讲些辛辣妙语的本领。他的推论非常机智敏锐，但很啰唆，有时不连贯。他显然喜欢拖长论据，论到哪说到哪。出于理智上的正直，在某些二难推理面前他愿意承认自己的困惑不解，或者当他迫于一些强有力的论据不得不修改自己观点时，他也总是愿意这样做。因而，我们完全可以理解他在《论命运》第三卷中著名的强烈感情的爆发，他引用神话中的普罗米修斯作为哲学家的范例，这种哲学家在努力认识上帝秘密的过程中，被焦虑和思考所吞噬，不吃、不喝、不睡，不顾一切人的奚落，被宗教法庭当成傻瓜和无信仰的人加以迫害，为群众所嘲笑。[2]

《论咒语》这篇论著试图为通常被人们看作是魔鬼和精灵作用的各种现象提供合乎自然的解释。彭波那齐认为占星术士把各种结果归因于星体或天文，形成自然因果体系的一部分，这是十分重要的。这是他的一度曾被列为禁书的唯一著作（现在不再是禁书了），因为它暗含着批判奇迹的意思。其中包括论祈祷者的饶有趣味的一段，它与《论灵魂不朽》那篇论著表达的思想有某

2　彭波那齐，《论命运》，R. Lemay编（卢加诺，1957年版），第262页。

些类似之处。他说，祈祷的价值不在于可能产生的外在结果，而在于祈祷者内心产生的虔诚态度。[3]

《论命运》共五卷，是他的最长的著作。彭波那齐使用了大量复杂的论据，详细地讨论了命运、自由意志和预定论等问题。他的结论既不简洁又不鲜明，但是从他的最后结论似乎可以看出，他认为斯多葛派关于以纯粹自然基础为根据的命运学说相对来说摆脱了矛盾。但鉴于人的智慧易于犯错误，他情愿服从教会的教诲，接受上帝的神意和预定可以与人的自由意志和谐共存的教义。但是，他并不满意通常对和谐共存的解释，试图提出自己比较满意的解释取而代之[4]。

我们不能更详细地研究这部重要的著作了。不妥当的是，也许由于它太长太难懂的缘故，甚至彭波那齐的学生也忽视了它。现在可以得到它的校勘本，但愿有一天人们能够根据它的双重历史内容来对它加以研究，即这部著作是决定论与非决定论之间的哲学论战，这种论战表现在古代斯多葛主义和亚历山大的著作中，也表现在更为现代的一些讨论中，特别是表现在调和大命论和预定论与自由意志论的神学问题中。这最后一个问题是每个世纪的基督教神学家都要研究的问题。我们已看到瓦拉论自由意志的著作，路德、爱拉斯谟以及许多神学家在宗教改革期间及其以后都争论这个问题。

我愿意用更长的篇幅讨论一下彭波那齐论灵魂不死的那本著作，它颇为著名，在16世纪甚至后来，引起了极其广泛的反响。彭波那齐对这部著作的产生原委做过如下解释：他在课堂讲课时指出，托马斯·阿奎那关于灵魂不死的观点虽然也许是正确的，

3　第十二章（"De naturalium effectuum causis sive de incantationibus"，巴塞尔，1556年版，第267–269页；也收在《文集》中，巴塞尔，1567年版，第248–251页）。
4　R. Lemay编辑本，第453页。

却与亚里士多德的观点不一致，随后他的一个学生，多米尼克教团的修道士要求他严格地在自然推理的范围内来表示对这个问题的看法。[5]

为满足这个请求，彭波那齐开宗明义地说明，人具有多方面的和具有歧义的本性，居于世俗和不朽事物的中间位置（第一章）。问题是，在何种意义上，人的灵魂［soul］具有世俗和不朽这些对立属性（第二章）。

彭波那齐首先列出六种可能的答案，然后撤掉其中两种没有人曾为其辩护的答案，他答应讨论剩下的四种答案（第二章至第三章）。

第一种回答属于阿威罗伊等人的观点，这种观点认为，只存在一个为一切人所共有的不死的灵魂，每个人也有个人的灵魂，但这种灵魂是会湮灭的。彭波那齐在自己著作第四章中用很长的篇幅驳斥了这种意见。阿威罗伊主张，没有肉体，理智［intellect］也能够活动，所以可以看成是可以脱离肉体而不死的。而彭波那齐论证说，依照我们的经验，理智完全脱离肉体就不能活动，因而我们没有丝毫证据说理智可以脱离肉体。如果我们希望了解理智与肉体的关系，就必须区别肉体之内的存在和依靠肉体的存在，前者以肉体作为它的器官或主体或基础，而后者以肉体作为知觉和想象的客体。彭波那齐主张，理智并不把肉体作为它的主体，而动物和人的灵魂的较低级的才能却把肉体作为主体。然而，没有肉体提供的知觉和想象，人的理智也不能知道任何东西，仅仅这个事实就能证明理智是不能与肉体分离的。[6]

第二，彭波那齐讨论了他认为是柏拉图的一种意见。这种

5 彭波那齐，《论灵魂不朽》，G. Morra编（波洛尼亚，1954年版），第36页；W. H. Hay英译，收在E. Cassirer等人编的《文艺复兴时期的人的哲学》，第281页。
6 同上书，第48–68页（W. H. Hay译本，第286–297页）。

观点认为每个人都有两种灵魂，一种是不死的，另一种是会死的
（第五章）。他驳斥了这种观点，根据是，知觉的主体和理智认
识的主体必定是同一个东西，因而在同一个人的灵魂中不可能区
分出两种互相分离的本性（第六章）。

　　第三，彭波那齐考察了托马斯·阿奎那的观点。阿奎那认为
人的灵魂只有一个性质，并且是绝对不死的，只是在某些方面会
死去（第七章）。彭波那齐在详细阐述已经用来驳斥阿威罗伊的
那些论点的同时，坚持说，他找不到说明灵魂绝对不死的任何证
据。他补充说，他丝毫不怀疑灵魂绝对不死说是正确的，因为它
以《圣经》为依据，但他怀疑它是否与亚里士多德的观点一致，
怀疑它不借助于信仰和启示的证据而在自然推理的范围内是否也
能成立（第八章）。[7]

　　第四，彭波那齐最后讨论了这样的观点，根据这种观点，
人的灵魂只有一种本性，它是绝对会死的，只是在某些方面不
死（第九章）。然后他就着手为这种观点辩护，在另外的地方他
说这种观点与阿弗洛底西亚的亚历山大的观点是一致的。为了再
一次坚持人的中间位置，他争辩说，人的理智与纯粹的智慧不
同，总是需要肉体作为客体，没有感觉映象就无法活动。所以必
须绝对地把它看作是会死的。在另一方面，人的理智不像动物的
灵魂，它并不把身体作为自己的藏身之所。所以，可以说它分享
了不死，或者它在某些方面不死。他认为这种观点比其他观点更
具有可能性，与亚里士多德的学说也更为一致（第九章至第十
章）。

　　在第十章中，彭波那齐在做出这种结论之后，继而用适当
的经院哲学的时尚方式系统地概括出几组对这种观点的反对意

7　彭波那齐，《论灵魂不朽》，G. Morra编，第82页（W. H. Hay译本，第302–303页）。

见（第十一章和第十三章），并详尽地回答了这些反对意见（第十二章和第十四章）。在讨论的过程中，他复述并详尽阐发了前几章中提出的论据。他也提出了一些新的论据和结论（尤其在第十四章中），这些论据和结论极为有趣，我们应进一步加以讨论。

我们最好能首先介绍一下最后一章中提出的结论。彭波那齐在摆出反对灵魂不死的全部论点之后指出，这个问题像世界永恒论一样是个中性的问题。换言之，他认为没有任何自然理由足以证明灵魂不死，也没有足够的理由来驳倒灵魂会死的看法，虽然他知道包括托马斯·阿奎那在内的许多神学家持不同之见。这个问题在纯粹的人的基础上是不能确定的，必须由上帝自己来解决，上帝在《圣经》中清楚地证明灵魂不死。这意味着与此相矛盾的论点都必定是错误的，或者只是似是而非。灵魂不死是一种信仰，因为它是以信仰和启示为基础的。因此，只能在这种基础上，而不能根据缺乏说服力的、不能使人信服的理性论据来对这一问题做出判断。[8]

在谈完这部著作之前，让我们看一下第十四章中作为答复某些反对意见而概括的几个重要思想，并试图解释一下彭波那齐的结论的含义，这一直是在哲学史家中争论很大的课题。

除了对他的观点的其他一些反对意见，彭波那齐在第十三章中还引用了亚里士多德在《伦理学》中的论点，即人的最终目的是沉思，为了令人满意地实现这个目的则需要灵魂不死。[9]彭波那齐在答复中指出，人有三方面的才智，即思辨的、实践的和技巧的。只有很少的人具有思辨的才智，而一些动物也具有技巧的

8　彭波那齐，《论灵魂不朽》，G. Morra编，第232–238页（W. H. Hay译本，第377–381页）。
9　同上书，第168页（W. H. Hay译本，第345页）。

才智。所以，我们可以得出结论说，所有人所拥有的并且只有所有的人才拥有的实践的才智，是人所特有的能力。每个智力健全的人都能用一种圆满的方法获得实践的才智，并且按照这种实践的才智去判断一个人是绝对的善还是绝对的恶，但按照其他两种才智只能判断某一方面的善与恶。因为，判断一个人是好人还是坏人，是根据他的美德和罪恶，而判断一个形而上学家却需根据他的思辨才智，判断一位建筑师需要根据他的技术能力。所以，好的形而上学家和好的建筑师未必总是好人。如果一个人在人们眼里不是个好形而上学家或好建筑师，他不会怎么介意，但如果被认为是不正直或放纵的人，他便会感到忧心忡忡。因为据说行善或作恶靠我们自己，而当一个哲学家或建筑师则不决定于我们自己，而且也不需要非当哲学家或建筑师不可。因此最终目的必须用实践的才智来确定，要求每个人尽可能地为善。既不需要也无必要使所有的人都成为哲学家或建筑师，只有其中一些人应该成为哲学家或建筑师。此外，由于几乎每个人都可能使实践才智臻于完满的地步，所以不管农民或工匠，穷人或富人，只要他有美德，满足于自己的命运，就可以说是幸福的人，并且事实上就是幸福的人。换言之，彭波那齐从亚里士多德这个重要的方面出发，把人的生活目的与道德上的美德而不是与思辨统一起来，因为这一目的可以毫无例外地为所有的人实现。[10]

　　另一种反对意见认为，除非善的行为在来世会得到报应，恶的行为会受到惩罚，否则上帝就不是万事万物的善良的统治者。彭波那齐对此的回答是，美德本身就是对美德最重要的报答，恶

10　彭波那齐，《论灵魂不朽》，G. Morra编，第184-196页（W. H. Hay译本，第353-359页）。思辨的、实践的和生产的（虽然没有用于智慧），三者的区别可见亚里士多德：《正位篇》，VI6，145a 15-16；《形而上学》，VI I，1025 b 25。关于理论智慧和实践智慧，可见《论灵魂》，III 10，433 a 14-15。

德本身就是对恶德最重要的惩罚。因为美德和邪恶的最重要的报答和惩罚总是存在的，所以，有对免除对行为的善恶做外在的或偶然的报答或惩罚也没有什么关系。再者，如果一个人行善并没有期待报答，而另一个人却期待这种报答，那么后者的行为就不如前者更具美德。因而没有接受外在报答的人比接受外在报答的人在本质上是得到了更为充分的报答。同样地，没有接受外在惩罚的恶人比接受了外在惩罚的恶人是受到了更大的惩罚。因为内在于罪恶本身的惩罚比从形式上加以惩罚，使有罪的人受到伤害和损失要更加严酷得多。[11]

彭波那齐在回答另一种反对意见时进一步阐发了这种思想。诚然，宗教先师曾经支持灵魂不死说，他们之所以这样做，只是为了规劝平民百姓过有道德的生活。但是，有较高道德情操的人仅仅是为了这些美德之卓越而趋向美德，仅仅是为了躲避这些邪恶之丑恶而远离邪恶，因而并不需要期待报答或惩罚作为刺激。有种观点认为，不信仰灵魂不死就不能维持任何道德标准。为驳斥这种观点，彭波那齐反复指出，不期望报答的合乎道德的行为高于以报答为目的的行为，他得出结论是，那些断言灵魂要死的人比那些断言灵魂不死的人似乎更好地维护了美德的概念。[12]

换句话说，彭波那齐利用了柏拉图的某些思想，最重要的是吸取了斯多葛主义的学说，强有力地表达了自己的信念，即美德就是它自身的报答，邪恶就是它自身的惩罚。这样在陈述他自己定义的道德标准时，并没有依靠宗教认可的条款，也没有否认宗教信仰的有效性，但是却肯定了理性和哲学的自主权，在一定程度上预言了斯宾诺莎和康德的一些观点。我认为他的思想要远远

11　彭波那齐，《论灵魂不朽》，G. Morra编，第200–204页（W. H. Hay译本，第361–363页）。

12　同上书，第224–226页（W. H. Hay译本，第373–375页）。

高于那些相反的意见，而这些意见甚至在今天还常常被提出来加以宣传，并且通常也不受到挑战。

最后我们所要讨论的问题涉及彭波那齐这部著作的最后结论和他的《论命运》一书的最后结论。彭波那齐同时代的神学家和现代一些历史学家认为他简单地否定灵魂不死说是一个明显的错误。但是，他只是说，根据纯粹自然的理由，或者依据亚里士多德的观点，都不能让灵魂不死，但是必须把它作为一个信条接受下来。在广泛的或者有点粗糙的意义上说，这种观点与双重真理说有关。双重真理这个词不太适当，因为无论彭波那齐还是其他人都没有说过在神学中有什么东西是真的，也没有说过在哲学中与它相反对的东西是真的。彭波那齐所说的和在他之前之后的许多可尊敬的思想家所说的是这样一种理论：比如说，灵魂不死说，依照信仰是真实的，但单凭纯粹理性不能证明这种说法，而对于与它相反的说法则似乎能以同样有力甚而更加有力的可能的论据来加以支持。

现代许多历史学家曾认为这种观点荒唐，具有讽刺意味的是，他们有一些人事实上采取同样的见解（虽然也许是在其他问题上，用的是不同的词），他们坚持一些观念，例如创造，在一种情况下是真实的，但在另一种情况下则至少是不能证明的。人们不断指责彭波那齐，指责中世纪和文艺复兴时期的采取类似见解的许多思想家，说他们的所谓双重真理论只是秘密地不信教的伪装，是为避免受教会谴责的一种虚伪手段。按照这些历史学家的观点，当彭波那齐说，不能证明灵魂不死说，而强有力的理性论据却能为灵魂会死的观点辩护，灵魂不死只能作为一种信仰时，他只是把他的灵魂事实上会死的观点隐藏起来而已，他是用一种保护自己免受基督教指责和惩罚的信仰告白书掩饰这种观点的。

　　这个问题既复杂又非常棘手。我们确实不想否定过去的某一思想家可能持有某些思想和看法，但因某种原因并没有在自己的著作中表述出来，或者他也可能把其内心深处并非认真主张的某些看法写入著作之中。承认上述事实，作为对历史学家的中肯的劝告是非常合理的，但我们却不能进一步说，某个哲学家持有某些特殊的观点，没有在他的著作中表述出来，或者他表述出来的正是其相反的观点。正如一位18世纪神学家在这个问题上所说的，我们必须把问题留给上帝，让上帝看一下彭波那齐的心，看看他的真实意见究竟是什么。人类史学家除了文字材料没有其他依据。在历史中和在法律面前一样，举证的责任要由那些证明与明显的证据相反的事实的人来承担。不友好的批评家的讽刺或极端主义的追随者的断言，都不能当作可靠的证据来加以接受，都不能取代有关作者观点的某种原始陈述或凭证。

　　依照这种标准，我们称彭波那齐是伪君子是没有真正理由的。他在这部著作中采取的灵魂不死的立场，基本上都在他后来为第一部论著进行辩护的两部长篇著作中保持不变，同时除去少数未加定论的例外之外，还照样保留在他的疑问文和课堂讲义中。有些神学家攻击他，但有些神学家则为他辩护，教会当局没有谴责他的论著。灵魂不死不能用理性的方法来加以论证这一普遍见解，如果不是彭波那齐的专门意见的话，那么，邓·司各脱，甚至彭波那齐时代的主要托马斯主义者、红衣主教卡杰丹〔Cajetan〕也都持这种观点。在第一次骚动过去之后，彭波那齐继续在教皇国的一个大学教书，他的学生中有许多牧师，他们显然没有发现他的见解有什么不恭的地方。他作为受到广泛尊重的一位学者，在平静中死去。他的学生，后来成为红衣主教和特楞特宗教会议主席的埃科尔·贡查加〔Ercole Gonzaga〕把他的遗物送回他的家乡，为他立了一座纪念碑。即使有任何推定的证据，人们也很难赞同说他是一个秘密的不信教者或无神论者。

从更广泛的意义上看，我们可以说，所谓双重真理论在纯粹逻辑的意义上是不能令人满意的。不过至少对于那些感到信仰与理性冲突而又想坚持二者的人来说，双重真理论至少是摆脱这种窘境的一个治标的方法。对于那些能够舍弃理性或信仰任何一方的人来说，这种冲突就不存在，而这种解决方法也就是多余的了。而对彭波那齐以及其他思想家来说，如果我们不把双重真理论当作对信仰的虚伪攻击，而是把它当作对信仰与理性的捍卫，当作神学与哲学之和谐共存的一种真诚尝试，强调理性和哲学在其各自领域中具有的相对独立性，那么，这种理论就是很有意义的。在这种意义上，这种观点甚至在今天也必定保留其某些合理性。

如果我们比较一下彭波那齐和费奇诺的观点，把注意力集中于他们两人都十分注意的灵魂不死的问题上，那么，可以看到，这种对比是非常有意义并且是很有教益的。在某些方面，他们都是唯理主义思想家。费奇诺的灵魂不死假设的基础是诉诸一种独立于全部肉体影响之外的内在经验和知识，甚至在现世生活中，这种经验和知识给我们提供了一种非形体的实在的证据。在这一点上，他是遵循柏拉图传统的。另一方面，彭波那齐根本否定完全独立于物质材料的人类知识的可能性，因此，他认为在纯粹自然的基础上没有任何根据可以假定我们的理智是可分离或不死的。在这个意义上，他是比阿威罗伊，也许比亚里士多德本人更加激进的经验主义者。在所有亚里士多德的注释家中，彭波那齐求助于自然主义因素最多、柏拉图主义因素最少的阿弗洛底西亚的亚历山大，绝非偶然的巧合。

此外，费奇诺在思辨生活中认识到人的尊严和人的存在的最终目的，为了使更多人能实现这一最终目的，而不得不假设灵魂不死。相反，彭波那齐把人生最终目的放在道德行为上，这在大多数人的现世生活中是能做到的，而思辨却不是谁都能做到的。既然，他认为善就是它自身的报答，善之实行并不需要来世报答，人的尊严也能够在现世生活中实现。

费奇诺相信理性即柏拉图的理性与基督教的信仰是基本上和谐的，确信灵魂不死和宗教的其他基本学说是能够以哲学论据来加以阐明或确证的。彭波那齐则看到了自然理性或亚里士多德理性与基督教教义之间的根本不一致。他之所以服从理性只是因为理性可以指导他，但是他也十分愿意让信仰和权威来对真理做最后的结论。

在给出了这两位思想家的不同哲学传统和不同前提以后，这个对比就很有意义了，这种对比似乎揭示了真正的取舍选择。但愿我已经说明，他们两人都成功地提出了对世界、对生活的富有建设性的见解，并很好地表明了各自的立场。我不打算在这两种世界观之间进行裁决，在整个西方思想中，这两种世界观不是以这种形式就是以那种形式反复出现，而每种世界观似乎都反映了人的天性和思想可能获得的一种基本经验或自由选择。很可以这样说，这两位思想家为他们各自的观点进行了值得钦佩的系统化，并得到许多同时代人和后继者的赞同。正如文艺复兴运动的柏拉图主义在费奇诺著作中得到充分的表达一样，文艺复兴运动的亚里士多德主义在彭波那齐著作中也得到了同样充分的表现。

彭波那齐思想的影响不像费奇诺或皮科这两位的影响那么明显，但也有充分证据可以表明这种影响也是相当大的。他所属的那个意大利亚里士多德学派，在他死后繁荣了一个多世纪的时间，在这个思想传统内他仍负盛名，他关于灵魂不死和理智统一这些问题的观点，即使未被采纳，也仍然不断地被引用并加以讨论。该世纪后期，他的许多著作在他死后出版了，这也是他久负盛名的明证。与当时大多数哲学教授相比，他在课堂上的演讲和质疑被抄录下来的手稿数量相当庞大，这也表明他在学生中威望很高。此外，还有包括《论咒语》和《论命运》在内的数量相当可观的手稿，这证明这些著作曾广泛流行，或者也许因为这些著作在作者生前没有出版。在该时期的一些传记、短篇小说和对话体作品中，我们发现涉及他的名字的一些逸事，这意味着他作为知名人士在大学圈子之外比较广泛的公众中也有影响。显然，一些不属于亚里士多德传统的学生和作者也都阅读过他的著作，不幸的朱丽奥·切撒尔·瓦尼尼［Giulio Cesare Vanini］就是一例，他似乎把彭波那齐的著作作为自己喜欢经常引用的依据之一。[13]

　　17世纪期间，长期以来一直在哲学研究中居统治地位的亚里士多德学派终于失势了，特别在自然哲学领域，逐步为伽利略及其后继者的新数学方法的物理学取而代之。因为早期的现代物理学并非像一些历史学家认为的那样，在17世纪中根本没有什么基础就产生了。这种物理学取代亚里士多德物理学，乃是由于对那些思想史、学院课程和科学分类影响极为重大的种种革命产生的结果之一。亚里士多德主义在逻辑学、生物学和形而上学领域抵挡了较长一段时间，而且在亚里士多德的物理学在17世纪遭到最后失败的同时，亚里士多德的理论在诗学领域却获得了辉煌的胜利。但是，既然物理学尤其在意大利是中世纪和文艺复兴时期亚里士多德主义的中心和堡垒，所以当亚里士多德的体系（彭波那

13　见F. Garasse，*La doctrine curieuse des beaux esprits de ce temps*（巴黎，1624年版），第1010页；P. O. Kristeller，"El mito del ateísmo renacentista y la tradición francesa del librepensamiento"，载*Notas y Estudios de Filosofía*，IV（图库曼，1953年版），第1—14页。

齐就是在这一体系中来阐发他的思想的）被摈弃时，彭波那齐特有的学说便失去它直接的效力。不过，我们可以说，他关于自然理性与信仰的关系的看法能够用新物理学重新阐述，这一点事实上在某些情况下确已发生了。

另一种发展更为重要。自由思想和公开的无神论于17世纪特别是在18世纪的兴起和传播，尤其在法国，促使一些自由思想家开始摈弃信仰和已经建立的宗教，把亚里士多德学派的唯理主义者如彭波那齐等当成自己的先驱和同盟者。自由思想家称赞彭波那齐关于灵魂不死的论著，而天主教辩护士却谴责它，同时，像培尔［Bayle］这样的温和派的思想家则试图维持一种恰当的观点。[14]彭波那齐的论著甚至被重新秘密印刷，署以早先出版的假日期。我们联想起那部论三个骗子的著名的著作，中世纪和文艺复兴时期的许多作家都曾引用这本书，这本书是包括彭波那齐在内的许多人写的，但是它最终成书是在18世纪，出版时还带有伪托的16世纪版本说明。

法国启蒙运动利用彭波那齐和其他意大利亚里士多德学派思想家的做法，对现代研究该学派的历史学家产生了强烈的影响，这种研究是从勒南［Renan］开始的，他关于阿威罗伊主义的著作，大约在十年前就已经举行百年祭了。但我们还必须做一个区分。认为彭波那齐和亚里士多德派思想家与后来自由思想家持有一样的观点这是一回事，而认为他们代表一个发展阶段即后期自由思想家观点所由产生的一个早期阶段，这又是一回事。从后者的意义上说，彭波那齐是自由思想家的先驱；从前者的意义上说，我确信他不是。因而，我们不应该根据我们自己的偏爱和价值观来对他是否是自由思想家这一点有所褒贬，因为我们缺乏做

14　P.培尔：《历史批判辞典》，XII（巴黎，1820年版），第226–244页。

出任何一种判断的事实根据。但从另一种意义上说，我们可以对他有所褒贬，我倾向于赞扬他。彭波那齐属于这样一类思想家的行列，他们试图在理性与信仰、哲学与神学之间划出一条清楚的界限，以便在自己的研究领域中确立理性和哲学的自主权，而不为任何信仰的要求、任何不以理性为基础的主张所动摇。我们所有这些不仅在科学上而且在哲学上都与理性有利害关系的人，是应该感谢上述观点，并热烈地接受它的。如果我们抱有一种并非基于理性的信仰，那么，起码要同它保持距离，以免它干扰理性的指导。如果我们没有这种信仰，至少能够在理性的活动范围之外容忍其他人怀有的这种信仰，并且认识到不能容许在我们感到自由舒畅的区域之中让别的什么东西介入。事实上存在着许多信仰，我们也许不能分享别人的信仰，别人也许同样不能分享我们的信仰，我们甚至可以不赞同任何信仰。但是，毫无例外，我们所有的人都会分享理性及理性获得的成果，我们应该关心的是，尽力扩大理性范围，绝不允许缩小理性的作用。当然我们的生活和我们个人本身，并不完全是由理性决定的，而且我们越是深刻意识到这一点就越是好。但是，理性是我们仅有的一种工具，借助于它可以给我们在生于其中、死于其中并在四面八方受其包围的庞大黑暗的混沌世界中带来一线光明和秩序。

第六章 特勒肖

　　我们在后面三章中要讨论的都是活跃于16世纪下半叶的思想家，他们与我们前面谈过的思想家很不同，这不仅是因为时光流逝了几十年，而是因为出现了一种完全不同的思想气氛。在15世纪甚至在16世纪初期仍甚强大的中世纪思想传统，这时开始退缩到更为遥远的背景中去。早期文艺复兴运动自身广博的思想和学术知识所形成的传统造就了新的一代思想家，而他们的直接反应就是反对这一传统。

　　此外，16世纪发生了一个或者最好说是一系列事件，这对在欧洲思想史上出现的最深刻的转变和转折之一发生了作用，也可以把它看作是这整个时期中最为重要的事件，它就是宗教改革运动。仅仅几十年的时间中，宗教改革的浪潮激荡着欧洲所有的国家和地区，影响着欧洲人的生活和文化的一切领域，其后果一直延续到今天。无怪乎许多历史学家倾向于认为宗教改革运动开创了欧洲历史的新纪元，并把宗教改革运动的发端，或者罗马惨遭劫掠这样一些稍后的事件，看成是文艺复兴运动的终结。在15世纪和16世纪初年，文艺复兴运动已经表现了它的特征，但是在宗教改革运动的气候中却得不到继续发展。它不得不让位于其他的思想观点和思想方式。

　　事实上，这一百年或随后的宗教改革运动的记录，对于那些不仅仅满足于赞美自己偏爱的教派的优点和胜利的文化史家来说，是非常可憎的。这使我们联想起我们自己时代的由于民族的和意识形态的冲突所造成的蹂躏而带来的悲伤。16世纪欧洲编年史上充满了由于宗教纠纷带来的外侵内战。宗教的反对者到处遭到残酷无情的迫害，银铛入狱，被严刑拷打以致杀头，或者加以身心侮辱迫使其承认错误。那些不愿顺从而又不愿死去的人，便背井离乡，到处流亡，他们中的一些人被迫从一国流亡到另一国。那些待在祖国，希望过不受干扰的生活的人则不得讳反官方认可的宗教观点，至少在表面上必须顺从。他们的行动，特别在著作中必须避免任何可能的冒犯或似乎略显异端的味道。西班牙的这段历史特别黑暗。荷兰则较为宽容，波兰在短期内曾有过宽容，而莫尔和塞尔维特［Servetus］的案件说明，新教徒一旦掌握权力也会像天主教徒一样残酷地迫害持不同意见者。不论我们偏爱哪种宗教，也不论多么尊敬甚至称赞路德、加尔文或者罗耀拉的依纳爵［Ignatius of Loyola］，但是作为学者和哲学家，我们不得不同情爱拉斯谟，他试图使自己以及他所研究的课题置于宗教争论的剧烈喧嚷之外。

我们不仅有理由同情受害者而且有理由同情迫害者（后者经常根据虔诚而错误的信仰诚实地行动，自以为他们在履行自己的责任）。我们有时也可以赞成后者的观点，反对前者的观点。但是看到人们因持有与统治者不同的宗教信仰而被残酷地惩罚或处死等情况，我们不能不感到非常厌恶。人只有在犯了公法，破坏了本国和社会的普通法律，才应受到惩罚。一个宗教团体有权把那些不再具有基本信仰的人开除出它的宗教行列。一个建立起来的政府，不论其产生根据和性质如何，都必须保护其制度不被那些反对它的人所推翻。当然，它这样做的道德上的权利，最终将在由这种政府及其制度拥有的无论什么道德实体的基础上来做出判断，即根据它们更高更普遍的道德原则的基础来做出判断。但是作为学者和思想家必须坚持（不幸的是，重新申述这一点仍然是适时的）：仅仅因为宗教、哲学甚至政治的观点而惩罚人，这是错误的。

16世纪后期，意大利未曾直接卷入宗教战争，但是意大利参与了宗教迫害、审查和查禁宗教观点这些悲惨的勾当。西班牙牢固地设立了宗教裁判所和主教会议禁书目录机构［Congregation of the Index］，彻底贯彻执行特楞特宗教会议的教令。新教的同情者被投入监狱并处以死刑，其中还包括了几位著名的学者。有些人则被迫流亡，相当多的著名学者为了自己的宗教信仰出走异国他乡，主要是去瑞士、德意志、英格兰和波兰等国；还有许多人被迫宣布放弃原来的信仰，把自己的著作交付审查，以便在出版之前做一些修改；一些人（我们不知道有多少）预先采取措施避免这种审查，或完全保持沉默。这种状况不仅影响了狭义的宗教和神学的见解，而且还影响似乎与神学有联系的那些哲学和科学的观点。因此许多思想家或多或少严重地卷入了宗教裁判所的纠葛之中，虽然不能说他们同情新教运动或对宗教冲突的中心问题感兴趣。帕特里齐、康帕内拉、克雷莫尼尼［Cremonini］和伽利略就是如此，更不必说布鲁诺的悲剧性案例了（最后一章再谈）。

在说明了这些之后，我们必须谨慎地避免许多历史学家曾经得出的那些夸张的结论，他们认为1525年以后，爱拉斯谟的主张完全不可能实现，或者认为宗教改革运动之后独立的思想和学术研究变得不可能了，这些看法显然是错误的。事实上，人文主义的学术传统仍然没有受到损害，宗教改革之后也许还存在着比文艺复兴初期更加独立的哲学思索。

对这些事实所做的解释非常简单。人类思想和知识有许多部分，扩展到许多方面。倘若曾经有过神学正统观点的极权主张的话，那么，其强制性也不会超过今天政治上正统观点的极权主张。无论过去和现在都存在大片的哲学、科学和学术的领域，这些领域对于神学和政治来说是中性的。这些领域也总是由信仰各种不同宗教和政治的人来开垦的。文化是有自主权的，但学者的任务和责任就是保卫这片领域免遭宗教和政治的介入，可惜这片领域的外围总会受到这些因素的影响。我希望以上的说明并没有低估16世纪后期宗教改革运动对文化思想生活的冲击，但我认为脱离该时期宗教和政治的发展，研究其学术、科学和哲学的历史，则是可能的。

我们在以后三章中将谈到的思想家，与意大利和其他国家许多思想家一起，通常被称为文艺复兴时期的自然哲学家，人们认为他们是一些与我们前面所论及的人文主义者、柏拉图主义者和亚里士多德主义者不同的人。这种称号意味着他们的中心兴趣是自然哲学和宇宙论，正如早期人文主义思想家的兴趣在伦理学一样。但这些自然哲学家与该时代和先前几代的柏拉图主义者和亚里士多德主义者的差别并不都在于他们思考的这一广阔的题材，而主要在于他们企图用独创的、独立的方法而不是在已经建立起来的传统和权威的框架之内去探求自然界原理。他们试图构成一些新颖的理论，以不受古代哲学权威，特别是亚里士多德——他曾经统治了哲学的思辨，尤其是统治了自然哲学，长达许多世纪——的影响而自豪。在他们的辩论和他们的著作的序言中，有时就在他们著作的标题上都表现出这种主张。

这种态度面对系统地建立起来的传统，表现出相当大的勇气和胆量。我们从卡尔达诺［Cardano］的例子中可以看到这种态度究竟包括了哪些东西。卡尔达诺认为他的主要成就之一就是把四元素的传统方案减少为三元素，即否定火的元素具有通常所说的那种地位。[1]对新颖和创见的追求反映了当时已开始发展的一种自信心，这种自信心在17世纪达到相当大的程度，即近代的人们已经能够提出新发现和获得古代人们不可能得到的知识[2]。事实上，在16世纪，数学、天文学、解剖学和植物学已经有了超越古人的那种初步的但十分明显的进步，印刷术的发明和美洲的发现开始被用来作为证明近代的优越性的论据。

正像所预料的那样，这些自然哲学家并非像他们宣称的那样有创见或独立于古代的权威，就这一点来说，正如那些宣称信仰柏拉图主义者或亚里士多德主义者，他们并非如他们自己想象的那样是他们的古代权威的忠实信徒。在自然哲学家身上，我们不止一次地可以找到亚里士多德的、普罗提诺的和其他古代、中世纪、人文主义的思想的反光，这些思想中不仅有过时传统的未被消化的残渣，而且有新思想组成的基本因素。然而自然哲学家的这种态度仍有十分重要的意义，正是由于这些自然哲学家的特有理论和独立见解，人们才常常称誉他们是现代哲学和科学的先驱。

把他们与早期现代科学家、与把新科学作为前提的17世纪哲

1　卡尔达诺，《我的生平》，第四十四章（拉丁文"De propria vita"，法文"Ma vie"，J. Dayre编，巴黎，1936年版，第136页）。

2　H. Rigault，"Histoire de la Querelle des Anciens et Modernes"，《全集》，第1卷（巴黎，1859年版）；H. Gillot, *La Querelle des Anciens et des Modernes en France*（巴黎，1914年版）；O. Diede, *Der Streit der Alten und ModerHen in der englischen Literaturges Chichte des XVI. und XVII. Jahrunderts*（格赖夫斯瓦尔德，1912年版）；R. F. Jones, *Ancients and Moderns*（圣路易斯，1936年版）；G. Margiotta, *Le origini italiane de la Querelle des Anciens et Modernes*（罗马，1953年版）；J. Delvaille, *Essai sur l'histoire de l'idée de progrès jusqu'à la fin du XVIII siècle*（巴黎，1910年版）；J. B. Bury, *The Idea of Progress*（伦敦，1920年版）。

学家区分开来的是，他们没能找到一种坚实而有效的探索自然的方法，尤其是没有认识到数学在这种方法上的根本重要性。正是为了这个理由，而不是因为那些过时传统的重负，才使得他们的卓越并给人深刻印象的理论陷于或多或少的孤立之中，而不能赢得一大批追随者，也不能对那些仍然受到亚里士多德信徒控制的大学的自然哲学教学产生影响。人文主义者或柏拉图主义者的外部攻击、自然哲学家富有启迪性的理论都未能推翻亚里士多德自然哲学的传统。只是到17世纪及以后，伽利略的新科学以及他的后继者才得以在牢固地建立起来的、优越的方法的基础上来处理这个问题，此时，亚里士多德的自然哲学传统才退出历史舞台。

贝尔纳迪诺·特勒肖［Bernardino Telesio］不是16世纪最早具有独立性的自然哲学家。在他之前，意大利有人文主义者季罗拉莫·弗拉卡斯托罗和博学者季罗拉莫·卡尔达诺，德国有神秘主义者提奥弗拉斯特·帕拉塞尔萨斯医生。这里只能提及这几位比较著名的人。我不得不选择特勒肖而不选择那些人加以研究，是因为他的思想以相当清晰和连贯而著称，而且因为他的思想预见到了后来哲学的一些重要方面。

特勒肖1509年出生于科森察［Cosenza］。从某种意义上说，他是一系列著名哲学家中的第一个人，由于出现了这些哲学家，南部意大利遂声称它有权继承希腊遗产。这一哲学家系列把特勒肖和布鲁诺、康帕内拉联系起来，和18世纪的维科［Vico］、当代的克罗齐［Croce］以及金蒂利［Gentile］联系起来。特勒肖在米兰和罗马接受他的叔父、人文主义者安东尼奥·特勒肖的教育，在帕多瓦大学学习哲学和数学，1535年获博士学位。以后他在加拉布利亚［Calabria］的一所修道院住过几年，在那里紧张地研究和思考问题，开始抛弃自己的亚里士多德传统。他于1553

年结婚，有四个孩子，妻子死于1561年。几经犹豫之后，1565年他在那不勒斯出版了自己的主要著作《物性论》的第一版。这个版本共两卷，相当于最后改写本的前四卷。1570年稍加修改出版了第二版，增加了几篇关于自然哲学专题的短论。在他得到意大利北部和中部的一些哲学家一定程度的拥戴之后，1586年最后再版了该著作大幅度增订的第三版。这个版本分为九卷，现在的校勘版就以此为基础。此后不久，他的一个儿子不幸惨死，他深为哀恸，1588年死于科森察。他的大量短篇著作在他死后于1590年出版。

特勒肖没有在任何大学讲过课，虽然至少收到过罗马大学的一次邀请。除了几次到那不勒斯做长期访问，他晚年大部分时间是在家乡科森察度过的。按照当时的习惯，他建立了一个学园，即科森察学园［The Accademia Cosentina］，致力于根据他自己的原理和方法指导的自然哲学研究。他可能在那里从事过相当多的教学工作。总之，他有几个学生，在他死后，学园的活动又持续了多年。

在讨论特勒肖的思想时，最好简要地概述一下他的主要著作《物性论》，我们根据的是最后出版的也是极为完整的第三版。在序言中，特勒肖驳斥了亚里士多德的学说，认为它与我们的感觉、与它自身、与《圣经》相矛盾，声称他自己的学说摆脱了这些缺陷。[3] 在第一卷的引论中，他再次强调，与仅仅遵循自己提出的观点的那些前辈不同，除了感性知觉和自然，他不听从任何东西。但是他补充说，他甚至愿意让感觉的证据服从《圣经》和天主教会的权威。[4]

3　特勒肖，《物性论》（*De rerum natura*），V. Spampanato编，三卷（摩德纳，1910–1923年出版），第1卷，第1–4页。

4　同上书，第1卷，第5–6页。

　　然后，他详细地陈述他的自然哲学的原理，设想热和冷是万事万物的两个能动的本原，第三个是消极的本原，即物质。天，尤其是太阳，代表热的本原，地球代表冷的本原，冷热的合一，则产生其他万事万物（第一卷第一节至第五节）。

　　特勒肖在比较详细地阐发和应用这些原理之后，用一个有趣的关于时空的论述作为他的著作的第一卷的结束（第一卷第二十五节至第二十九节）。他用水钟和其他观测得到的现象为例，反对亚里士多德而主张虚空的空间是可能的，并把空间定义为能够包含物体的东西，与包含于空间之内的物体截然不同的（第一卷第二十五节），这种空间没有运动，完全同一，能够离开物体而存在，所有的存在物都位于其中。为了捍卫这种观点，特勒肖求助于感觉的证据来反对亚里士多德的前提。同样，在时间问题上他也反对亚里士多德，主张时间不依赖运动，所有的运动都以时间为先决条件，都在时间之内发生（第一卷第二十九节）。

　　在提出了自己的观点之后，特勒肖检查与批驳了以前的哲学家的观点，尤其是亚里士多德及其追随者的观点，他认为在哲学的这一分支上他们高于所有其他人一筹。接下去的三卷都是批判亚里士多德主义的，而前两种版本谈到这一部分就结束了。

　　显然，我们以上概括的学说构成了特勒肖哲学的最初的核心，他在后几卷中陈述的那些理论，是在他的思想发展后期写出来的。广泛地说，前四卷讲宇宙论，后五卷讲生物学尤其是心理学的问题。全部讨论都是以他第五卷提出并在整个以后各卷中坚持的一个根本区别为依据的。

　　依照这种区别，人本身有两种不同的灵魂。特勒肖把第一种灵魂叫作从种子中产生的精神，第二种叫作上帝注入的灵魂。第一种简称为精神，在动物，甚至植物中也能发现。它是一种纤细的、敏锐的物体，绝不能把它仅看成是像亚里士多德相信的那种物体的形式，而应把它看成是靠自身而存在的一种东西。它最初位于大脑中，然后扩散到全身。这样，动物是由精神和肉体两种性质迥异而各不相同的东西组成的，精神被封闭在身体中就像被封闭在盖子中和器官中一样。第七卷告诉我们，精神的第一个作用就是感觉，精神使万物具有感觉。精神之所以具有感觉是因为外在事物对它产生影响，改变它，而精神意识到影响它的变化和感情。这样，就精神感觉到它自身的变化和感情而言，它也感知到外在事物，而它对自身的改变和感情的感觉却又是外在事物引起的（第七卷第二节）。

外在事物对精神的作用在于扩张或收缩，这些刺激可能有助于精神的保存或导致精神的腐坏。所以感觉是与快乐和痛苦紧密相关的，因为快乐不过是保存感觉［the sense of preservation］，痛苦不过是腐坏的感觉［sense of corruption］（第七卷第三节）。

所有的感觉最终都是从触觉获得的（第七卷第八节）。根据这个原理，特勒肖在第八卷中讨论了知识的各种不同形式。他反复讲，精神知觉到万物乃是由于万物作用于它，触动了它，因此它也知觉到万物的相似和差异。凭借这种感知对象的同一和差异的能力，精神就获得了普遍的概念（第八卷第一节）。精神除了具有感觉，还具有记忆和回忆的能力（第八卷第二节）。因而所有知识都是从整体认知过渡到仅仅是部分的认知。当理性设想任何事物时，是以与知觉到的事物的相似性为基础的，而否定任何与知觉相对立的事物。这样，所有理智的知识的基础就是通过感官而知觉到的相似性。[5] 所以，理性知识是从感官知觉获得的，但它不像后者那么完满（第八卷第三节）。甚至几何学也是以感官知觉为基础的（第八卷第四节），而且，数学的结论低于自然哲学的结论（第八卷第五节）。因为，我们的思想易于疲倦，易犯错误和容易遗忘，这证明思想活动依赖精神的合作，而精神也易受这些缺陷的影响，甚至较高的灵魂也是如此。没有精神合作的纯粹的思想，只是在来世中才能存在（第八卷第六节）。我们的全部知识就其与自然对象的联系和从其中产生而言，是以知觉和知觉对象的相似性为基础的（第八卷第七节）。既然这种知识和这种理性与知觉有关，所以也能为动物所分享（第八卷第十四节）。

另一方面，人拥有较高级的灵魂，上帝创造了这种灵魂并注入人的肉体中，尤其是人的精神中。这种灵魂拥有它特有的思维能力。因此人就有两个灵魂，一个是神圣的和不朽的，另一个是世俗的和会死的。结果是，人有双重的欲望和双重的智慧。一种智慧可以认识神圣的事物，属于被注入的灵魂，是人所特有的。另一种智慧可以认识感性对象，它属于精神，动物也具有这种智慧。我们最好把"智慧"之名留给前者，而称后者为认知和记忆的能力。由于人有双重的欲望，因而也具有动物所没有的自由意志（第八卷第十五节）。被注入的灵魂的智慧是非形体的，并且没有有形工具。就它与其对象的关系来说，它仅仅是消极东西的、潜在的。它感知它的对象的形式，它与概念的事物的关系就像知觉与感性对象的关系那样（第八卷第十九节）。

特勒肖在第八卷中主要讲了注入的灵魂，此后他言归正传，回到精神的问题上，试图在这个基础上建立关于激情、关于善和

5　特勒肖，《物性论》，第2卷，第93–94页。

恶的详细理论。人类智慧和道德品质的差别是由于人的精神在热情、敏锐和纯洁方面的不同而造成的（第八卷第三十五节至第三十六节）。自我保存的原则统治着精神（第九卷第三节），像我们已经看到的那样，快乐不过是这种自我保存的感觉。激情和情感反映了我们精神遭到的改变，精神的自我保存构成这些情感的尺度。温和适度的情感构成了美德，因为它们与精神获得的有利的冲动相一致，这些冲动有助于精神的保存。相反，不适度的情感构成了恶，因为它们与有害的冲动相一致，这种冲动会造成精神的腐坏（第九卷第四节）。特勒肖根据这些原则详细地讨论了具体的美德和邪恶，并以此结束了他的著作。

为了转述特勒肖体系表面的力量和一致性，我有意地加入自己的评论，以免打断这一综述。不过如果我们更加仔细地检查这些思想，许多问题就会暴露出来。就特勒肖与亚里士多德的关系而言，我们必须承认他表现出相当大的独立性，这种独立性表现在他自己的理论和他对亚里士多德观点的详细批判两个方面；这种独立性之所以更有价值乃是由于它不是基于无知，而是基于对亚里士多德著作的全面了解，同时又真正尊重亚里士多德主义的相对优点。[6]特勒肖详细引用的仅有的另外一些资料似乎来自医学权威，如希波克拉特［Hippocrates］和盖伦［Galen］。这表明他在帕多瓦除了学习哲学和数学，还学习了医学，尽管他没有获得这个学科的学位。他显然从这些和后来的一些医学权威那里，获得了关于人体各部分及其机能的详细概念，这一点从他的著作中有关生理学的章节可以看出来。

他所讲的作为精细肉体的精神的概念同样得益于医学的传

6　特勒肖，《物性论》，第一卷，第105页（第1卷，第29章）。

统，可能还受惠于斯多葛的概念 *pneuma*[7]。他可能是从各种古代资料中得知这个概念的。他把快乐和痛苦看成是与感觉密切相关的主要感受，这种尝试是对伊壁鸠鲁的怀旧。但是，特勒肖好像并没有把美德与快乐直接联结起来，而是把这两者与自我保存的原则联系起来了，这个原则与斯多葛原则极为相似。他把知觉看成知识的唯一基础。这种极端的感觉论也可以与斯多葛和伊壁鸠鲁的思想加以比较，但他企图更进一步地从被知觉到的感性对象之间的相似性获得共相，这一点反映了他同时代的老一辈人弗拉卡斯托罗的观点。人们乍看之下，他承认热冷和物质是物理世界的本原，这与前苏格拉底时期的思想并不相像。但这种见解却是亚里士多德《物理学》中关于物质、形式和匮乏三者组合的一种比较独特的说法，而他在主动和消极的本原之间所做的区别则听起来也像斯多葛的。

最后，区分两种灵魂以及它们与认知能力和欲望的能力的对应性，则显然是新柏拉图主义的看法，并且也许还受益于费奇诺，虽然特勒肖把我们的能力分配给两种灵魂的方式并不与这些前辈的观点完全相符。当特勒肖把较高的灵魂称为被注入的和被创造的灵魂时，显然是借鉴了神学的东西，但是他除了在引论中表示服从教会，在他的哲学中神学教义的痕迹极为罕见。

当然，我们不应忽视他显然从各种原始资料中所借用的许多观点，但我们所获得的最后印象是：在转换和结合这些观点，并系统地论述一些重要的新思想这一工作上，特勒肖具有惊人的创造性。在他的宇宙论中，他所赋予热、冷和物质的角色是具有历史的重要性的，因为这是取代亚里士多德自然哲学的第一批尝试

7　斯多葛派哲学中，*pneuma*意指"精神"、"灵魂"以及"生命与理性的动因"，有时与逻各斯换用。万物均有"精神"，这些精神是进出于客体的非物质力量。——译者

之一。他明确地破除天上现象与地上现象之间的差别，由此应该获得荣誉。坚持这种差别则是亚里士多德体系的主要缺点之一。特勒肖的虚空理论和时空理论的意义更大。他断言，从某种意义上说，空间虚空说是回到亚里士多德曾设法驳斥的古代原子论者的立场。特勒肖必定是从卢克莱修和亚里士多德本人的著作中了解到这种观点的。但是他建立自己理论的根据，有一部分是新的，就是说是依据经验的。

他的时空理论更加重要。亚里士多德把时间定义为运动的数量或尺度，使时间依赖于运动，而特勒肖认为时间独立于运动，先于运动，像一个空洞的容器。这样他就离开了亚里士多德，朝着牛顿的绝对时间迈进了一大步。

至于空间，概念上的变化甚至更为有趣。希腊字"topos"，我们常译成空间，这个词最初的意思是位置。如果我们把"topos"译成位置，而不是空间，便能更好地理解亚里士多德的这个理论——被包含的物体的"topos"是"topos"所包含着的物体的界限或边缘——的意义。特勒肖好像意识到这个词有歧义，因为他不仅使用"locus"——这是亚里士多德"topos"一词的标准拉丁文译法——而且使用了"spatium"，这个词更适用于他自己的那个虚空的空间——所有物体都包含在其中的概念。因此他再一次远离了亚里士多德而接近了牛顿的绝对空间。此外，我总想相信，正是特勒肖自己给"spatium"［空间］这个词以专门术语的精确性，并用它来代替"locus"，我不知道在此以前有过这种用法的清楚的先例（尽管我也许恰恰对此毫无所知）。[8]这一事

8　研究特勒肖的空间概念，可见E. Cassirer, *Erkenntnisproblem*，第1卷（1911年版），第256-260页；M. Jammer, *Concepts of Space*（纽约，1960年版），第83-84页。这几位学者没有说明这一点：特勒肖常常用"spatium"代替亚里士多德的"locus"（《物性论》，第1卷，第二十五章至第二十八章，Spampanato编辑本，第1卷，第86-102页）。参阅J. C. Scaliger, *De subtilitate*（法兰克福，1592年版），第5卷，第三章，第15-16页）。

实恐能再次证实思想史和术语史上常属有效的这一原则，即某一专用术语通常是在一个体系的关系域中创造出来的，在这个体系中，该术语所表达的观念是第一次构想出来的，并且，在这个体系中对于这个术语的需求也是以某种必然性首次产生的。这一事实也表明，普通英语语词的具体含义并不总是根据现在的用法，如它在20世纪的词典中所确定的那样，而是常常来源于过去哲学家的特有的思想和语言。这些哲学家用特别的希腊文或拉丁文的词语表达自己的思想。这些词语经过了许多世纪的筛选、过滤，然后才转变成英语、法语、德语的普通词汇或者一个民族讲的现代语言的普通词汇，这个民族有幸从古代希腊哲学家、中世纪拉丁哲学家和现代早期哲学家那里继承了一些思想和词汇。

我们还赞赏特勒肖把时间和空间看成一对相属不可分的概念，对此必须用类比的方式来加以讨论。这两个概念就其地位来说与所有别的观念群截然不同。诚然，亚里士多德在他的《物理学》中也讨论了位置和时间，但是他并没有把这两个概念完全做平行的处理。在《物理学》第四卷中，亚里士多德不只是把《论虚空》作为《论空间》章节的一部分，[9] 而且通过讨论虚空来把空间的讨论和时间的讨论区分开来。特勒肖在给予空间和时间以特殊地位这一点上再一次成为牛顿的先驱，也成为莱布尼兹和康德的先驱。

最后，特勒肖的极端的知识理论也是个有意义的贡献，这个理论把一切事物都还原为感性知觉。我们已经看到，他甚至努力从感觉来获得理性极其普遍的概念。如我们所知，这并非他的首创，但他却做了远为系统的发展。我们也完全可以把这一尝试看

9　顺序是空间（place章，第一章至第五章）、虚空（void，第六章至第九章）、时间（time，第十章至第十四章）。

作是弗兰西斯·培根和英国经验论者思想的来源和先驱。培根了解特勒肖的著作，并对它做了相当尖锐的批判，这一方面是因为他所特有的思想，另一方面是由于认为应用感性知觉的专门标准必定是行不通的。当培根称特勒肖为"第一位现代人"时，他必定是考虑到了特勒肖对于感性知觉的强调以及他独立于亚里士多德的精神。培根必定在这些方面把特勒肖看成是自己的先驱。[10]

感觉原本属于精神，即属于一个物质的实体——特勒肖的这个概念似乎是不能令人满意的，因为它乞求于这样一个问题：感觉或意识怎么能从物质的存在获得。在某种意义上，这一概念又回到了前苏格拉底时期的物活论，或回到了斯多葛派的唯物论，特勒肖的精神在许多方面与斯多葛的*pneuma*十分相似。他大概发现这个概念对简化他关于自然原理的构思很有帮助，并使他能够把他的认识论、心理学和伦理学的大部分与他的物理学理论联系起来。他的著名的门徒康帕内拉采纳发展了这个概念，康帕内拉至少在他的早期坚持所有的物质都直接地具有感觉。[11]

特勒肖的两个灵魂的学说使他的许多解释者都深感迷惑，因为他提出的较高的灵魂似乎破坏了他的其他的自然主义体系的连续性和连贯性，他补充的柏拉图主义和来源于神学的概念很难与他的其他方面思想和谐一致。像通常一样，一些历史学家曾经争辩，特勒肖做这个补充并非真心实意，而仅仅是为了平息神学家和别的反对者可能做出的批判。对宗教裁判所的恐惧，在特勒肖时代无疑比前一个世纪更加严重，甚至对彭波那齐来说也是如此。但是，对于认为特勒肖关于较高灵魂的学说的阐述并非认真也不是真心赞成这样一种看法，我看不出有任何真实的证据。

10　"De principiis atque originibus"，收在《培根的著作》，J. Spedding等人编，第3卷，伦敦，1876年版，第114页。

11　康帕内拉，*Del senso delle cose e della magia*（A. Bruers编，巴里，1925年版）。

即使我们假定，他感觉到自己不得不让步，我们还是不明白为什么他在其他方面很少让步。对一位不怀善意的批判者来说，这部著作就其实际情况看仍包含了大量的可加以反对的陈述，这一设想的让步也无法抵消这些陈述的意义。我看，假定特勒肖是一位好的天主教徒是没有什么困难的，他感到为了建立人类灵魂不死和它与上帝的关系而在精神以外设立一个较高的灵魂是完全必要的。我们还必须注意到，就我所知，他以一种与他所有前辈观点不同的特有方式，把我们的种种机能分配给两种灵神，因为他不仅把我们生物机能、感性知觉和记忆，而且把涉及自然对象的我们的推理的和认知的能力都分配给较低的灵魂。概念的或崇高对象的知识是与感觉无关的，因而不属于精神，而属于较高的灵魂。当特勒肖说，关于崇高对象的纯粹知识只有在来世才是可能的，而在现世生活中，如果按照我们的看法，较高的灵魂只有与精神合作才能够做到这点时，我不应推断说他事实上否定了在现世生活中获得非纯粹的神性的知识的可能性。即使我们对他附加较高灵魂的理论表示遗憾，仍然必定会对他能把他的自然主义原理扩及那么深广的范围而惊叹不已。

为了评估特勒肖的影响和历史意义，对我们已做的一些评论必须加以重复和补充。通过他的著作和他的学园，特勒肖引起了许多同时代人的注意和尊敬。我们发现像帕特里齐[12]、培根等一些重要思想家也引用他的论述并加以批判。他后来也有不多的一些学生和追随者，其中著名的有康帕内拉（1568—1639年），这个人在法国度过晚年，由于坎坷的一生和丰富的著作，赢得了广泛的尊敬。最后，在一些表现他的特征的理论上，特勒肖似乎是

---

12 帕特里齐给特勒肖的信及特勒肖的评论，由F. Fiorentino出版（《特勒肖》，第2卷，佛罗伦萨，1874年版，第375-398页）。

牛顿和洛克的直接或间接的先驱。现在称某人是某位现代伟大思想家的先驱已不像往常那样是由衷的赞扬了，甚至可能有某些揶揄的意味。只要历史学家确信现代思想和文明是遵循着一个连续不断的曲线而稳步前进的，那么把某人称作是某一后来思想家的先驱，这乃是对这位过去的哲学家所给予的最大荣誉。他被从他自己的令人遗憾的落后时代中选择出来，并提高到更先进、更开明的世纪行列之中。然而我们这个愤世嫉俗的时代，已经失去了对不断的，似乎不可避免的进步的一种快乐的信念。唯一的必然发展似乎就是技术的进步，甚至这种进步有时还是凶吉未卜的。所有其他的进步必须通过艰苦的努力才能获得，有时需要战斗。获得这些进步需要付出相当大的代价，即使这样，它也可以很容易地重新失去。

对于不断进步的怀疑特别适用于哲学史。例如，尽管我十分尊敬洛克和他的著作，但却不能把他看成是哲学或认识论上的最高权威。因而我认为称特勒肖是洛克的先驱并不是多么了不起的赞扬。在我看来，成为康德或黑格尔的先驱者则有更高得多的荣誉，当然我们一些同行可能仍有不同的评价和偏爱。甚至自然科学也有它的变化和革命，一会儿以前似乎还是定论的东西，却突然显得过时了，而让位于完全不同的概念。牛顿的时空概念被普遍接受的时间那么久，称特勒肖是牛顿的先驱者当然是对他的高度赞扬。现在牛顿的概念已经被爱因斯坦和其他人的概念所取代，那么，把特勒肖说成是牛顿的先驱似乎已无多大价值。历史学家在把过去的一个思想家推崇为最新的哲学或科学的先驱时应该更为谨慎。明天，当这些体系本身过时，而完全不同的体系流行时，把他看成先驱对于这个思想家来说并不见得有利。

不过在特勒肖和牛顿的例子中，我有一点不同的看法。诚然，爱因斯坦取代了牛顿，但是这并不意味着牛顿突然变得全错了，也不意味亚里士多德突然成了爱因斯坦的先驱，或者他好像取得了战胜牛顿的姗姗来迟的胜利。自然科学以其日益积累起自己的事实证据而在取得稳步的进展。每种理论只要能以一种更令人满意的方式来解释在这个理论形成时可能得到的所有证据，那么，这就标志着这个理论做出了超出前人的一个进步。不同理论之间的外在相似是无关紧要的，关键是各有关理论所依据的经验的和理性的证据的多少。亚里士多德物理学在它那个时代是受尊敬的，并且仍然能满足后来几个世纪的需要。但当它不能满意地解释17世纪所获得的事实证据时，便被伽利略和牛顿的物理学永远地取代了。同样牛顿物理学已经被20世纪的物理学取代，因为它已不能说明已经获得的新的事实。这不会给亚里士多德的物理学什么荣誉和安慰。亚里士多德的物理学的知识比起牛顿的来少得多，他的体系也完全没有复活，尽管它的少数原则可能与今天的物理学有着一点儿模糊的和表面上的相似。

把特勒肖称为牛顿的先驱毕竟是对他的赞扬，特别是因为他发现了亚里士多德物理学的诸多缺点，还因为他对牛顿可能产生了至少是间接的影响。我还认为，当我们说特勒肖本身完全有资格作为一位可敬的思想家时，这对他是一个更高的赞扬。他以自己的工作的诚实和创造性，他由于设法给那种典型的陈词滥调的哲学观点以一种新颖的、从某种意义上说是古典的系统概括而不辜负这一称誉。

第七章　帕特里齐

　　弗兰西斯科·帕特里齐〔Francesco Patrizi〕比特勒肖年轻二十岁，但他死于特勒肖之后不久（16世纪末），因此可以把他们两人看成是同时代人。两位思想家显然有过友好往来。因为我们有帕特里齐给特勒肖的一封信，从中可以看到，他对特勒肖的哲学原理进行了系统而尖锐的批评。[1] 帕特里齐和特勒肖一样也试图系统地解释自然世界，他是以一种独立于亚里士多德并与之相对立的、新的、独创的方法来做这种解释的。他主要著作的标题为《一般哲学新论》（1591年）。这部著作有着重要的意义。因而完全有理由把帕特里齐同特勒肖、16世纪意大利以及欧洲大量的其他思想家一起，归之为文艺复兴时期的自然哲学家。这些自然哲学家与西方古典思想传统没有联系，他们为17世纪和现代的新科学和新哲学铺平了道路。

　　然而，我们在研究特勒肖的著作和思想以后再研究帕特里齐的著作和思想，便发现自己进入了一个完全不同的世界。这不仅仅是他们在一些专门问题上的观点大相径庭，而且他们的前提，他们所研究的问题以及他们对不同思维和知识领域的着重点也相差很远。自然哲学家，与人文主义者和亚里士多德主义者，甚至与柏拉图主义者都不同，他们没有形成一种能包容各种观点或兴

1　见第六章注释12。

趣的统一团体或学派，而总是以共同的事业或学说的传统聚集在一起。由于缺乏这样一种传统以及为了寻求新颖的有创造性的解决方法和对问题的结论，导致自然哲学家们的思想和体系的庞杂和缺乏连贯性，这在其他学派的代表那里比较少见，尽管我们可以在他们的主题和愿望方面，也许还在他们思想的风格方面找到广泛的亲缘关系。

从另一观点来看，自然哲学家的这些差异是与哲学在知识界中所处的地位相联系的。毫无疑问，哲学的范围和愿望是包罗万象和普遍的，但哲学与思想和知识的其他分支的联系以及哲学对各分支的重要性在不同学派和不同时期是极为不同的。哲学家是否主要是从事研究宗教和神学，或是研究科学或艺术和文学，或是研究历史知识，甚至他们在从事科学研究时的注意力是集中在数学上还是集中在物理学或生物学上，都有很大差别。对于每一个哲学家来说，他所从事的这些非哲学思想领域的研究将不仅决定他的一般倾向，而且将决定他在自己的系统中给予各不同哲学学科的相对重要地位。

我们已经看到，人文主义者主要是从事文学和古典的研究，在哲学学科中，主要（如果不说全部的话）是从事伦理学的研究。亚里士多德主义者主要关心物理学、生物学和医学，因此他们的注意力集中在自然哲学领域，他们仍把这一领域看作是哲学的一部分而不是一门具体科学。我们的自然哲学家——不论他们是谁——并没有把兴趣局限于亚里士多德主义者的自然哲学，或局限于将成为现代物理学的那些东西，虽然他们部分地论及类似的问题，而且从历史发展来看，他们在这两个传统之间保持中间态度。这些自然哲学家彼此之间甚至在这种一般的智力倾向上也各不相同。特勒肖主要学的是物理学和生物学，他的伦理学和认识论的思想似乎也从属于这两门科学，从这种广义上讲，他属于亚里士多德传统，受这个传统的熏陶而成长，并从那里继承了这个传统所关心的问题和主题，尽管他抛弃并批判了该传统所提供的大部分特定的解决方法和理论。相反，帕特里齐主要兴趣却不在物理学、生物学和医学，甚至没有给予亚里士多德传统以任何相应的重视，即使是对该传统的批评也没有。他的最大兴趣一方面是文学和古典文艺，另一方面是数学。这些不同的兴趣和它们相当独特的结合，非常有效地说明了他的不同的历史依恋。他依恋的是柏拉图主义者和人文主义者，而不是亚里士多德主义者。同样也有效地说明了他的不同风格以及他的整个体系所强调的甚至在于他确实设法回答的自然哲学的问题。弗拉卡斯托罗是一个人文主义者和医生，卡尔达诺则是一个医生和数学家，帕拉塞尔萨斯是医生和炼金术士，布鲁诺是天文学家、自然哲学家和形而上学家（但还不能算是一个数学家），康帕内拉除其他许多方面之外，尤其是一个神学家和政治思想家。

换句话说，文艺复兴时期的自然哲学家彼此不同，不仅他们的观点不同，而且他们思想的结构和倾向也不同。这些差别比起通常在单一的哲学学派或团体那里的差别要大得多。最后，与人文主义者和亚里士多德主义者比较，甚至与文艺复兴时期的柏拉图主义者比较，他们代表了由多少孤立的个人组成的小团体。他们没有人数众多的追随者，甚至特勒肖也是如此。他们在文艺复兴时期思想中所以占据突出的地位，并不在于他们人数多少，或者他们学生人数的多少，而在于他们做出贡献的内在性质，在于他们对后来思想的影响，在于他们作为早期现代科学和哲学前驱的这种历史地位，即使从严格的意义上讲他们还不是先驱。

1529年，弗兰西斯科·帕特里齐出生于里雅斯特［Trieste］附近的伊斯特拉［Istria］的凯尔索［Cherso］。他在因戈尔施塔特［Ingolstadt］学习。1547年到1554年他在帕多瓦学习，在那里他学的显然是哲学和人文学科。1550年后的几年，他的详细生活情况尚不甚清楚。他曾为许多威尼斯贵族服务，担任过秘书和管理员，并且一定在威尼斯生活了许多年，1553年到1572年，他的许多著作在那里出版。他的事务使得他经常去塞浦路斯，也许他还去过希腊语世界的其他地方。他必定在这个时期熟练地掌握了希腊语，这使得他的余年著名起来。随后，大概是在16世纪70年代，他在西班牙度过一段时间，在那里他把他的许多希腊文手稿卖给国王菲利浦二世。离开西班牙后，他在摩德纳［Modena］和费拉拉住了一些时间。在1578年，阿尔方索二世公爵任命他为费拉拉大学柏拉图哲学的教授，这个职位是应他的要求而专门为他设立的。他担任这个职务许多年，系统地讲授柏拉图的《国家篇》和一般柏拉图哲学。1592年教皇克莱门八世召他到罗马大学，再次担任柏拉图哲学的教授。在那里他主要讲授《蒂迈欧篇》。随后几年中，他计划发表他的主要著作，并在确定禁书目录的红衣主教会议面前，为自己的观点进行辩护。这个会议坚持要求他做大量修改，最后谴责了这部著作。1597年，他在实现自己的目标——使一个新的改写本获得批准——之前死去。

帕特里齐已出版的大量著作表明了他的兴趣非常广泛。他用意大利文写了一首诗。为卢卡·孔泰莱［Luca Contile］的诗做了注释，他编辑了季罗拉莫·鲁谢利论意志的著作。一部匿名的意大利文译本的寓言集很可能就是他写的，这部寓言集最初在印度出版，是从希腊文翻译过去的。[2]他做了一次论彼特拉克十四行诗的演讲，因而卷入当时的文学论战，他出版了一本支持阿廖斯托〔Ariosto〕的小册子，[3]以反击托尔夸多·塔索〔Torquato Tasso〕和雅科波·马佐尼〔Jacopo Mazzoni〕对他的直接的批判。他的这些著作和论荣誉的意大利文对话集反映了当时柏拉图学园作家的知识兴趣，像最近出版的论爱的哲学这部对话集残篇表明的那样，"柏拉图的东西"比人们预期的要少得多。[4]他还用意大利文写了两部关于罗马人军事艺术的文物研究著作。

　　帕特里齐关于诗学、修辞学和历史的方法的论著显然是浑然一体的，因为，虽然除了修辞学，人文主义者没有就这些主题写出许多专门论著，但是在16世纪的理论文献中，这三门学科是联系在一起的，在此以前，从人文学科的一览表中也可以看到这种联系。帕特里齐的《历史的方法》（1560年）非常令人感兴趣，因为它对当时一个颇新的学科做出了贡献，可以把它看成是后来关于历史方法论和历史哲学的著作的先河。[5]16世纪就这个主题著述的最著名和最有影响的作家是让·博丹，他的著作在帕特里齐的著作（1566年）几年以后才出版。帕特里齐最重要的著作是《诗学》。但在1586年仅出版了其中的两节，还有五节仍然是手稿。这部用对话体形式写成的著作，在16世纪意大利关于这个题

2　J. Th. Papademetriou，"The Source and the Character of Del Governo de'Regni"，*Transactions and Proceedings of the American Philological Association*，XCII（1961年版），第422–439页。

3　B. Weinberg，*A History of Literary Criticism in the Italian Renaissance*（芝加哥，1961年版），第1卷，第600–620页；第2卷，第997–1000页。

4　帕特里齐，《哲学的情人》〔*L'Amorosa Filosofia*〕，John C. Nelson编辑（佛罗伦萨，1963年版）；参见Nelson的"L'Amorosa Filosofia di Francesco Patrizi da Cherso"，载*Rinascimento*，第13卷（1962年版），第89–106页。

5　E. Maffei，*I trattati dell'atte storica dal Rinascimento al secolo*，XVII（那不勒斯，1897年版；Beatrice Roynolds，"Shifting Currents in Historical Criticism"，载*Journal of the History of Ideas*，XIV（1953年版），第471–492页。

目的卷帙浩繁的文献中占有特殊的地位。[6] 亚里士多德的诗学统治这个领域达数十年之久，并一直延续到17、18世纪，且不讲通常被称为芝加哥批判主义学派还企图在我们的时代里复兴这种诗学，而帕特里齐在当时就把反亚里士多德的倾向带进了这个领域。他的目的是要把亚里士多德赶下台，构造出另一种一部分是独创的，另一部分是以柏拉图为基础的诗学，但是这一尝试至今尚未被加以充分研究。

以上我们只叙述了帕特里齐意大利文的著作，这些著作反映了他的文学兴趣以及与他人的联系。与这些著作有关的还有大量的信函，其中只有一部分发表过。作为一个人文主义学者，他的研究工作主要是通过翻译希腊文作品表现出来。他对翻译哪位作者作品的选择是很有特色的，反映了他反驳亚里士多德的兴致，也反映了他对柏拉图主义、新柏拉图主义甚至伪柏拉图主义传统的偏爱。1583年，他翻译了菲洛波努斯［Philoponus］为亚里士多德的《形而上学》所做的评注，[7] 同年还翻译了普罗克鲁斯［Proclus］的《神学和物理学的基本原理》。1591年翻译了赫米斯·特里斯梅季塔斯的论著和琐罗亚斯德的《迦勒底人的神谕》。有一篇没有发表的关于毕达哥拉斯的数的论著[8]，还有一些摘录希腊作家的笔记手稿[9]。1591年他还用拉丁文编辑了所谓《亚里士多

6　同注释3，第2卷，第765–786页，第1024–1025页。

7　Harold Cherniss教授要我注意这个事实，这个注释没有包括在关于亚里士多德的希腊注释家的柏林版全集中（Commentaria in Aristotelem Graeca，第23卷，柏林，1883—1907年出版）。这部未发表的注释的希腊原著，现在只保留一个后来的手抄本（维也纳；参阅A. Wartelle, Inventaire des manuscrits grecs d'Aristote et de ses commentateurs，巴黎，1963年版，第167页，注2214）。帕特里齐著作的拉丁文译本，1583年于费拉拉出版，是以帕特里齐1576年卖给菲利浦二世的一种较老的手抄本为基础的，1671年毁于战火。

8　De numerorum mysteriis（1594年版），to Card. Federico Borromeo, in Milan, Biblioteca Ambrosiana, cod. H 180 inf., f. 142–172。

9　梵蒂冈图书馆，ms. Barb. gr. 179 and 180。

德的神学》，一部以普罗提诺为基础的伪阿拉伯著作，[10]试图用来作为反对已知的亚里士多德著作的证明，证明亚里士多德与柏拉图的若干学说是一致的。此外，帕特里齐试图给柏拉图的对话集重新排定顺序。他的大部头著作之一——《论逍遥学派》（1571年出版，1581年增订），把大量艰苦的研究准备工作，尤其是第一次收集亚里士多德的残篇与对亚里士多德哲学的批判结合起来。在这部著作中，他把柏拉图和亚里士多德彼此异同的所有观点详细地开列出来，并试图证明柏拉图在所有的争论点上都是正确的。在别处，他还试图证明柏拉图的许多观点与天主教的学说是一致的，而亚里士多德则与柏拉图和教会都相冲突。[11]帕特里齐接受《亚里士多德的神学》为一部权威性著作，这表明他缺乏良好的鉴别。但由于他收集亚里士多德的残篇，而使他成为现代亚里士多德学术研究的先驱。这种努力告诉我们，至少在某些情况下，憎恶也像通常的热爱和热情一样是学术研究事业的刺激。

帕特里齐的数学兴趣表现在他1587年写成的论几何学的《新几何原理》，也表现在另一部同年写成的论数学和物理空间的著作《物性论·两卷集》（1587年）。这两部著作后来以经过明显修改的形式合并到他的主要著作《一般哲学新论》中，1591年在费拉拉出版，1592年在威尼斯再版。没有发表的有这部著作的一些草稿和他为他的《一般哲学新论》（他在1593年之后将该书提

10　关于这篇手稿可见普罗提诺的《全集》，P. Henry和H. R. Schwyzer编辑，第2卷（巴黎和布鲁塞尔，1959年版），第27-30页。Moses Rovas把这部著作第一次译成拉丁文，Petrus Nicolaus Castellanus校，1519年罗马出版。1591年，帕特里齐把它作为《一般哲学新论》的附录重新出版，题目是：*Mystica Aegyptiorum et Chaldaeorum a Platone vote tradita, ab Aristotele excepta et conscripta philosophia*。

11　有几篇论述柏拉图和亚里士多德的短文附在《一般哲学新论》之后。

交红衣主教禁书会议）做的辩护。[12]

　　在介绍了帕特里齐扮演的自然哲学家的角色和他自称的也许是真正的创见之后，我们必须适当强调一下他与柏拉图主义传统的联系。他的著作的这两个方面绝不是不能和谐共存的。为了构成一个新的宇宙体系，他同时就要利用他所喜欢的资料，在承认他受惠的那些资料的方面，他可能比他同时代和别的时代的哲学家更为正直。帕特里齐的柏拉图主义倾向从他的一些著作的题目上以及许多著作的内容上，都可以看得出来。他的《诗学》和他的《论逍遥学派》的倾向是柏拉图主义的。他最早一部著作（1553年）以柏拉图的论题为基础，论述了各种诗的狂热。他关于爱的哲学的论著，尽管在内容上不是柏拉图式的，但属于可以追溯到费奇诺并且与16世纪柏拉图主义的传统密切联系的那一文学传统。他对琐罗亚斯德、赫米斯和毕达哥拉斯的著作也感兴趣，这也反映了文艺复兴时期柏拉图主义的倾向，这可以追溯到费奇诺，并通过费奇诺直到普罗克鲁斯，帕特里齐翻译过后者的著作。帕特里齐正是以柏拉图和柏拉图主义的名义来为反对亚里士多德做论证的，他宁愿相信那部伪造的《神学》，而不愿相信亚里士多德的可靠的著作。我们从帕特里齐的一封信中得知，在早年当他听从一位天主教圣芳济修会的修道士的建议读了费奇

12　参见L. Firpo, "Filosofia italiana e controriforma", 载*Rivista di Filosofia*, XLI（1950年版），第150–173页，XLII（1951年版），第30–47页；T. Gregory, "L'Apologia ad Censuram di Francesco Patrizi", 载*Rinascimento*, IV（1953年版），第89–104页；T. Gregory, "L' 'Apologia'e le 'Declarationes' di F. Patrizi", 载*Medioevo e Rinascimento*; *Studi in onore di Bruno Nardi*（佛罗伦萨，1955年版），第1卷，第385–424页。帕特里齐辩护的手稿藏于梵蒂冈图书馆（ms. Barb. lat. 318）和帕尔马图书馆（ms. Pal. 665）。

诺的《柏拉图的神学》一书时[13]，他就已经对柏拉图主义产生了兴趣。

我们从帕特里齐写的序言中知道，他以天主教的名义提倡大学应该讲授柏拉图的哲学，而不要讲授亚里士多德的哲学。就是由于他自己的请求和主动，他才在晚年先是在费拉拉大学后来则在罗马大学得到讲授柏拉图哲学的职位。文艺复兴时期的柏拉图主义能成功地挤进大学的哲学课程，这即使不是独一无二，也是极为罕见的。帕特里齐只实现了自己目标的一部分，因为我们确实知道，在费拉拉大学和别的地方，在讲授柏拉图的同时，确实仍然有许多其他教授讲授亚里士多德。

帕特里齐按照柏拉图主义的传统，试图对柏拉图和亚里士多德做一仔细比较，而这个传统能够追溯到古代，从阿斯卡龙的安提奥库斯和西塞罗，到阿莫尼乌斯·萨卡斯和波依修斯，我们又可以追溯到文艺复兴时期，这里不仅有皮科，还有帕特里齐的同时代人弗兰西斯科·维里诺［Francesco Verino］和雅科波·马佐尼。但是这些先辈试图把柏拉图和亚里士多德调和起来，而帕特里齐则利用两者的比较来批判亚里士多德主义。这种反亚里士多德主义，不仅直接指向那个学派，而且还反对这位大师本人，这是帕特里齐不同于古代和文艺复兴时期包括费奇诺在内的绝大多数柏拉图主义者的地方。

帕特里齐的柏拉图主义和他的反亚里士多德主义似乎还有另一个与众不同的角度。柏拉图的哲学对数学知识及其对象非常重视，并给予极高的地位（尽管并非所有柏拉图主义哲学家都强调

13　见A. Solerti发表的信，"Autobiografia di Francesco Patricio da Cberso"，载 *Archivio Storico per trieste, l'Istria, e il Trentino*，III（1884—1886年出版），第275—281页；参见P. O. Kristeller，《文艺复兴时期的思想和书信研究》［*Studies in Renaissance Thought and Letters*］（罗马，1956年版），第290页。

柏拉图思想的这一特殊方面），正因为如此，柏拉图在任何时候对于数学家都具有很大的感召力。正像16世纪的一些思想家试图做的那样，比较一下柏拉图和亚里士多德的哲学，就可以明显地看到，相对于物理学来说，数学在柏拉图那里比在亚里士多德那里拥有较高的地位。正是这一点使柏拉图获得了伽利略的称赞，我们将看到这个问题对帕特里齐也有某种重要性。用量的物理学，即数理物理学来取代亚里士多德的质的物理学这个尝试在伽利略以前是否确实做过，在这方面柏拉图的权威是否被利用，都不能十分肯定，有待于进一步探讨。[14]

我们可以补充说，在帕特里齐力图强调柏拉图哲学与天主教神学的和谐一致的努力中，他也是在遵循那条与费奇诺和其他文艺复兴时期柏拉图主义者采取的相似的路线。现在我们转而看看帕特里齐的主要哲学著作，我们将会看到，它的一些富有特性的思想是受到了柏拉图本人和柏拉图古代的和文艺复兴时期的追随者的影响，然而从整体来说，他的体系具有创见，有其自身的意义。

帕特里齐的《一般哲学新论》在他一生中于1591年和1593年出过两版。在它之前曾出版过一些其他的著作，这些著作后来被合并到这部较大的著作中，一些草稿和残篇以手稿的形式保存至今。[15] 在这部著作被教会审查人员批判之后，他计划对它加以修订。至少被批判的那部分和他为这部著做辩护的两篇文章以手稿的形式被保存下来了，并已做了研究，部分已出版。但是至今尚未把他的早期著作，手稿与1591年和1593年两个版本加以详细地比较，非常希望能有说明这部著作原文和哲学思想演变的校勘版

14　参见Cassirer，*Erkenntnisproblem*，第1卷，第260–267页，第398–402页。

15　帕尔马图书馆，ms. Pal. 665。

本。我指出这些事实，是因为如我们读到的那样，在这两种版本之间表明有相当多的中断、重叠和不连贯之处。对这部著作原文历史的研究，很可能使我们更能弄明白这些问题。[16]

《一般哲学新论》分为四大部分，帕特里齐给每一部分加一个听起来像希腊文的标题。这些部分在他决定合成一卷之前，似乎都已独立成书。第一部分的题目是 *Panaugia*，我们大体上可把它译成"全部的光辉"，他似乎是从亚历山大的斐洛的文章那里借来这个不寻常的词的。[17]这部分分为十册，论述光的物理学及形而上学的性质。对光的这种双重的论述导致了视觉观察与形而上学思辨的奇怪的结合。帕特里齐认为，光占据了在神圣、不朽的事物和世俗对象之间的中介地位，并通过这个原理来证明那种结合是正确的。他根据完全确定的拉丁文的早期用法，把 *lux* 和 *lumen*[18] 区别开来。前者是光源中的光，而后者是散播于光源之外的光（第1册）。光的这两个方面通过来自光源并射入周围世界的光线而彼此连接起来（第3—4册）。在物理世界中，光作为运动和生命的源泉有其特殊的重要性。

帕特里齐在讨论了清澈、透明和不透明的物体的不同本性（第2册和第5册），接触到诸如光的反射和折射、颜色的性质这样一些现象后，就从天体的光上升到超天体的光（第8册）。他断言，可见的世界是有限的，在这个世界中的天体的光是与黑暗混合在一起的，而在这个可见世界之外则是一个充满了纯粹的光的无限的空间，他把这称为最高天［empyrean］。这种外在于天体世界的光仍然会熄灭，但是它来源于不熄灭的光，这种不会熄

16　我希望有一天能够研究、编辑《一般哲学新论》和帕特里齐其他未发表的论著和书信。

17　*De opificio mundi*，第31节。

18　这两个词的差别很难用中文说清楚，拉丁文辞典是这样解释的，"lux"，the light of the sun and othe heavenly bodies; "lumen"，a light, a source of light, a lamp, torch（Latin Dictionary，C. T. Lewis等人编，牛津大学1879年版。）——译者

灭的光属于不朽的和神圣的东西，即属于灵魂、智慧、天使和上帝（第9册）。这种不朽光的最终源泉是上帝自身［lux prima］，从上帝那里发出的普照之光［lumen］，先照到圣子，然后照到所有不朽的创造物（第10册），上帝还是次等光的最终源泉，这种次等的光在物理世界能够得到。因此，据说光是无限的，就其根源来说可以认为是不熄的。但当考虑其散发状态时，则可以认为它既是不熄的，又是会熄的，因而是介于上帝与有生有死世界之间的。

对这部分中出现的物理科学与形而上学、神学的思辨的混合，现代读者一定会感到奇怪，我们说明这种情况的全部理由是，帕特里齐所生活和著述的那个时代，物理学尚未从哲学中解放出来，甚至在当时伟大得多的科学家的著作中也能够发现与此类似的混合，例如刻卜勒。就帕特里齐来说，光是他的物理学基本本源之一。因此，他之所以把光作为这部著作第一部分中的首要的和专题性论述的主题就可以理解了。由于他所假定的其他的物理本源没有得到充分和独立的论述，因此这一部分似乎是反映了他的早期思想，在写作时，他的关于其他本源的观点尚未充分展开。当我们讨论这部著作的其他部分，并从整体上考虑全书的构成时，我们可以看到，他是在不同的章节中论述不朽世界和物理世界的。因而，他也许感到必须把论光的这一部分放在全书之首，理由就在于，他把光看作是同时属于实在的两个基础部分的。

帕特里齐熟悉悠久的早期传统，至少熟悉其某些阶段，所以，倘若我们把他的光的理论放到这种传统背景中去考虑，也许可以更好地理解他的这一理论。在柏拉图的《国家篇》中，把太阳称为善的理念的映象，柏拉图曾详细地阐发了这个类比。[19] 在

---

19 VI507e—508 c；VII514a—517c。

普罗提诺著作中，光和光的辐射成为善和存在从其各自的根源扩散的一个基本的隐喻。这种隐喻，在普罗提诺那里找到了到达后来的新柏拉图主义的道路，并通过圣奥古斯丁和雅典最高法院的法官进入基督教的思想。这种隐喻很容易变成了象征，甚至变成了一种真正的本体论的关系，从这个出发点发展为中世纪关于光的形而上学的传统说法，包括格罗塞特［Grosseteste］，对光学和形而上学的发展所做出的贡献。[20] 马尔西利奥·费奇诺在他的新柏拉图主义的资料中找到了这种光的隐喻，便提出一种象征的和本体论的光的解释。他甚至写了一篇论光的专题论文，讨论会熄灭的光和不熄灭的光以及两者的关系。[21] 这使我们又一次认识到帕特里齐与柏拉图主义传统的密切联系。我们也许还可以补充这一点，他关于光的思辨可能通过他在费拉拉的一个后继者托马索·詹尼尼［Tommaso Giannini］而延续到了17世纪。[22]

帕特里齐这部著作的第二部分题为Panarchia。这个标题似乎模仿等级体系［Hierachia］，可以译为"全部本原的系列"。这一部分有22册，以一种大体上可称为柏拉图主义的方式研究了存在的等级体系。帕特里齐的主要方案如下：太一（［the One］，也可以称为"全一"［unomnia］，与上帝等同），统一体，本质，生命，智慧，灵魂，自然，质，形式和物体（第21册）。这个方案表现了一些已知的哲学的影响，但是从某些细节上看，从总体上看，是具有创造性的。普罗提诺提出的顺序是：太一、智慧、灵魂、自然和物体。把统一体和太一分开，把本质与生命和智慧分开，这可以追溯到普罗克鲁斯。方案中插入的质，则来

---

20 C. Baeumker，*Witelo*（*Beitraege zur Geschichte der Philosophic des Mittelalters*，第3卷，第二部分，明斯特，1908年版），第357-425页。

21 费奇诺，*De sole et 1umine*（《全集》，第1卷，第965-986页，1493年版，第1版）。

22 Tommaso Giannini，*De lumine et speciebus spiritalibus...*（费拉拉，1615年版）。

自费奇诺。[23] 引入形式，把它作为存在的一种独立层次，则似乎是一种创新，这可能是由于帕特里齐注意到几何学及其地位的缘故。不幸的是，我们不能对此做出更具体的论述，因为等级的较低部分，在帕特里齐的著作中几乎没有什么描绘。从整体上看，这部分只涉及存在的较高的等级。

新柏拉图主义的方案，后来借助于一些神学概念获得进一步的发展。帕特里齐详细地论述了上帝或全一的属性。与普罗提诺不同，帕特里齐相信，万事万物都在上帝之中，都来自上帝。上帝有一种内部的产物，即包含着多的统一体，它与理念的秩序等同，也与三位一体的第二位等同。上帝外部的产物是宇宙，包含纯粹的精神、灵魂和肉体。据说观念和三位一体中的三位是从上帝中流溢出来的，同时又都存留在上帝之内，而宇宙是上帝创造的（第22册）。我们从这个概述可以清楚地看到，帕特里齐试图把新柏拉图主义的概念与基督教的概念结合起来，但仍有一些不连贯和不成熟的细节，我们对此已不能进一步讨论了。

帕特里齐著作的第三部分只有五册，标题是Pampsychia，即全灵［the all-soul］理论。帕特里齐以一种十足的新柏拉图主义的方法，把灵魂看作是精神世界与形体世界之间的媒介。灵魂的这种中间的位置与他在第一部分中给光所规定的相似的位置的关系如何，他没有告诉我们。他采纳了卢克莱修的方法，把animus［心］与anima［生命的本原］[24] 加以区别，详细地讨论了世界灵魂，把它看成是弥漫于整个形体世界的能动的本源（第4册）。这个概念是新柏拉图主义者从斯多葛学派那儿继承下来的，中世纪的思想家对其持保留态度，没有明确地加以谴责。费奇诺重新

23　克利斯特勒，《费奇诺的哲学》（见第三章注释1），第102—105页（英文版，第106—108页）。

24　第1册。参见卢克莱修的《物性论》，III，第94—167页。

引进了这个概念，并受到16世纪大多数自然哲学家的欢迎。帕特里齐没有把个人的灵魂看成是世界灵魂的一部分，而相信它们与肉体的关系和世界灵魂与整个宇宙的关系是类似的。在这一看法上，他再次反映了普罗提诺的见解，后者批判过斯多葛主义者，因为他们认为个人灵魂是世界灵魂的一部分，这样就剥夺了个人灵魂的独立地位和自由意志。[25]

帕特里齐著作的第四部分，即最后一部分，是最令人感兴趣，最有创见的。这部分共有32册，以 *Pancosmia*〔全宇宙的理论〕为题，论述了物理世界。帕特里齐引入了自然世界的四种基本本原：空间、光、热和湿气。他显然是企图以此取代亚里士多德的四大要素。

帕特里齐一一讨论了这四种本源。他认为空间是一切有形东西的第一本源。它由一个有限空间和一个无限的外部空间所组成。有限空间位于中心，有形的世界占据了这个位置，所以叫作世俗空间；无限的外部空间是空虚的，它从四面八方围绕着有限的空间。空间先于一切物体甚至先于光而存在的，可以看成是一个空洞的容器（第1册至第2册）。在这个概念中，帕特里齐显然师承特勒肖，但是在某些方面又与后者不同。与特勒肖不同，他没有把时间放在与空间同一个层次上，而是认为时间是依赖于物体和运动的，[26] 因而在这一点上，他又回到了亚里士多德的观点。另一方面，他把空间的概念用于几何学理论，在一定程度上，似乎预示了康德的思想。因为他在数学空间和物理空间之间做了区分。数学空间是纯粹的，它不包含物体，它的极小值是纯粹的点；而物理空间是来自纯粹空间的，并且包含了物体（第1册

25　普罗提诺，《九章集》〔*Enneads*〕，IV，3，1–6。

26　第2册，f. 66。

至第3册）。依照帕特里齐的看法，物体不仅有三维的形式，除此之外，它们还含有抵抗力。这个附加的因素——抵抗力，似乎反映了一些古代资料归之为伊壁鸠鲁的一种学说，伊壁鸠鲁用这种方法修正了更早的德谟克利特的观点。[27] 莱布尼兹用相似的方法，通过补加力的概念，纠正了笛卡儿有关物质性质的纯粹几何学概念。

在对数学空间与物理空间的区别做了这样的定义之后，帕特里齐继而指出，数学，尤其是几何学，是先于物理学的，正像纯粹空间先于物理的物体一样，这就再一次表现了他的柏拉图主义的倾向。空间先于所有的物体而存在，它甚至可以称为同时既是一个物体又是非形体的，因而仅适用于诸物体的那些范畴就不可能是空间的属性。这也与柏拉图的回忆说相符[28]。

帕特里齐在关于数的论述中，又恢复到亚里士多德的见解。他认为连续性是先于不连续性的，那么几何学是先于算学的（第2册）。他认为，空间有其自身以真实存在，而数则仅仅是思想的产物。几何学在数学中占首要地位这种思想，显然是一种希腊遗风。只是在笛卡儿发明了解析几何，现代数学家扩大了数的概念并最终使它具有连续性之后，这种思想才被抛弃。

继空间之后，第二个物理学本源是光，它是首先充满空虚的空间的东西（第4册）。在这点上，帕特里齐这部著作的第一部分［Panaugia］的学说是适合于这个最后的方案的，尽管两者的关系尚不十分清楚。然后帕特里齐又补充了另外两个物理学本源——热，他认为热是从光得来的，他把热当作一种形式的和能

27　第1册，f. 61v。见 Diogenes Laertius，X，54；H. Usener 编辑的 *Epicurea*，莱比锡，1887 年版，fragm. 275，第195–196页。在 Sextus Empiricus 的著作中，这些话尤其重要（*Adversus mathematicos*，X，第240页，第257页，XI，第226页）。

28　《九章集》，VI，1–3。

动的本源（第5册）；湿气，他认为湿气是一种被动的和物质的本源（第6册）。湿气可以有不同的密度等级，用它可以说明与纯粹几何学的形式截然不同的自然物体特性的抵抗力。把热看作是物理世界的能动本源这一点似乎是借用了特勒肖的思想，尽管特勒肖认为空间不是宇宙的一个独立的本源。帕特里齐用湿气取代了特勒肖和亚里士多德的质料，湿气［fluor］这个词以及他坚持湿气有不同等级的密度这些看法显然都反映了苏格拉底以前的哲学家们的某些概念，毫无疑问，帕特里齐是从各种各样的古代资料中得知这些概念的。[29]

Pancosmia 的后面一章，讨论了物理的宇宙的不同部分。这个宇宙包含三个主要部分：最高天、天体世界和自然世界。最高天是与环绕天体世界的无限空间完全一样的，它充满着光，没有其他的东西（第8册）。天体世界包括所有星星直到月亮。它在范围上是有限的，从这个词的更加专门的意义上说可以称为宇宙（第9册）。帕特里齐认为，星星是在天空中自由移动的。这样他就抛弃了仍被哥白尼采用的固态天体的传统概念。[30] 在这方面，他比较接近第谷·布拉赫［Tycho Brahe］提出的更加现代的观点。帕特里齐认为地球仍然是中心，它并不围绕太阳旋转，但是他承认地球每天都围绕自身旋转（第31册）。在比较详细地论及海和地球时，他不止一次地提及自己的观察，讨论了很多气象学和地理学的问题。这一段包括了许多对科学史非常有益的细节（第24册至第32册）。

我已经试图尽力概略地介绍帕特里齐的主要哲学著作的一般结构和内容，但愿读者已能看到它的长处和缺点。这部著作反映

29　Anaximenes；见H. Diels, *Die Fragmente der Vorsokratiker*, 4th ed.（柏林，1922年版），第1卷，第22页。

30　A. Koyré, *From the Closed World to the Infinite Universe*（纽约，1958年版），第31页。

了作者使其系统化的有力尝试，但是也暴露一些松散和不连贯的
地方。它是科学与思辨、独创性与依赖于柏拉图哲学传统和其他
资料的混合物。帕特里齐是一个思想活跃的人物，卓越地摆脱了
神秘主义思想，他博学而且敏锐，他把人文主义和科学兴趣结合
起来这一点是不同凡响的。在他的著作中，他把零散不同的因素
奇妙地加以结合，把柏拉图主义与富于创见的自然哲学、把一些
显然过时的思想（包括他自己的一些创见）与其他一些仍然有效
的思想，或者预示着一些著名的后继者的思想（包括他的一些传
统思想）结合在一起，我们对这种系统的融合不会感到意外。帕
特里齐是一个承前启后的思想家，这一点对我们这个时期的所有
哲学家来说多少是属实的。

　　许多中世纪史研究者喜欢认为，在科学和哲学领域中，文艺
复兴是一个停滞的时期。这种看法是错误的，更不用说有的研究
者甚至把它看成是一个倒退的时期了。即使这种看法是正确的，
我们也许仍然会对这个在学术研究、文学和艺术方面确实做出了
贡献的时期深感兴趣。因为我认为，人类的成就不应像现在流行
的主张那样，仅仅用科学来衡量。还有，那些中世纪史研究者的
有关看法仍然是不正确的。15世纪把中世纪全部遗产都传给了它
的继承人，并且补充了对古典时代研究的贡献，第一次完全使这
些古代遗产供人们所利用。[31]这样，16世纪才得以利用整个古代
科学的成果，并增添最新成就，尤其是在数学、天文学和医学方
面。当我们讲到近代科学的产生时，首先想到的是数理物理学，
而这是从伽利略开始的，他的学术生涯虽也包括16世纪的最后几
年，尽管在许多方面受惠于文艺复兴时期的传统，但是他的著作

31　参见E. Rosen，"Renaissance Science as Seen by Burckhardt and His Successors"，载T.
Helton编辑的《文艺复兴》（麦迪逊，1961年版），第77–103页。

的基本部分则应属于17世纪，一个新的时代。从这个意义上说，近代科学不是文艺复兴运动的产物，虽然有些发展确实起源于文艺复兴运动，特别是16世纪。

对近代哲学也可以做同样评论。弗兰西斯·培根在许多方面是一位文艺复兴时期的思想家，他与近代科学的关系仍然是过渡性的或是有争议的。我们认为他有权利可以同时既作为文艺复兴时期最后一位思想家，又作为近代思想的先知和先驱。近代哲学的真正奠基人是笛卡儿，他开创了哲学的新纪元，因为他预先假定了伽利略和刻卜勒的近代科学的既定事实，积极地推动它的进一步的发展，并就其方法和主题来说设法把哲学建立在这种新科学的基础之上。这种态度决定了近代哲学直到今天的发展进程，即使还没有完全支配这种进程。从这个意义上说，文艺复兴时期的哲学，包括自然哲学家在内，显然都不是近代的哲学。然而，文艺复兴的哲学的重要意义在于，它在许多方面直接导致了现代思想（我们已从许多例子中看到了这一点，也包括帕特里齐的例子在内），像帕特里齐这样的思想家，无论从他具有内在价值的独到见解来说，或是从他用新的方法重新论述柏拉图主义的永恒哲学来说，都是值得我们充分重视的。他再一次告诉我们，一种传统是不能单靠重复来使它获得生命力的，而要靠不断地加以更新，才能使它富有生命力。对于旧的遗产要不断地加以重新思考、修改和补充，以获得新的洞见和解决新的问题。帕特里齐的例子向我们表明，在一种传统思想内既能进行哲学思考，同时又能有所创新。

第八章　布鲁诺

我们把这最后一章献给布鲁诺。以他的工作来做出我们对于文艺复兴时期哲学概观的结论似乎是比较适当的，这有几点理由。布鲁诺大概在我们所讨论的思想家中是最负有盛名的，或者至少与彼特拉克和皮科齐名。当然，这种声誉部分地是由于他坎坷的一生和悲惨的死亡，但是作为一位才华卓越的思想家和作家，这种盛誉对他来说也是完全合适的。他的世界观具有显著的现代性质，并给以后几个世纪的科学家和哲学家留下了印象，产生了影响。同时，他的工作依然完全是文艺复兴运动的一部分，这不仅在于它所处的时间和它的风格，而且在于它的前提和问题，然而，像培根、伽利略和笛卡儿这样一些比他年轻的同时代人或后继者的思想和工作则只是部分地属于文艺复兴运动，或许还不构成最有意义的部分。

乔尔丹诺·布鲁诺〔Giordano Bruno〕，1548年出生于南意大利的诺拉〔Nola〕，十八岁时，在那不勒斯加入多米尼克教团。他一面从事神学研究，一面广泛地阅读古代哲学家的著作，并且开始对天主教教会的一些教旨产生很大的怀疑。当1576年他在罗马时，教团当局得知了他的这些怀疑，准备指控他是异端。在可能遭受逮捕之前，布鲁诺逃跑了，从此开始了漫长的、冒险的旅行生涯，这使他到过欧洲许多地方。他先是去热亚那附近的诺利［Noli］，然后又到萨沃纳、都灵、威尼斯和帕多瓦，显然，他是以私人讲学和当家庭教师聊以为生。直到被捕，他的大部分余生就是这样度过的。他离开帕多瓦后去里昂，然后到了日内瓦，他在那里成为一个加尔文主义者，见到了许多宗教改革运动的领袖。但是不久，他转而反对加尔文主义，然后到了法国图卢兹，在那里获得了神学学位，并讲了大约两年的亚里士多德课程。接着他又去巴黎，在那里他赢得了亨利三世的赞赏，担任某种讲师的职位，并在1582年发表了他的第一部著作。然后，他和法国大使茅威谢尔的侯爵米歇尔·德·卡斯特尔诺［Michel de Castelnaud，Marquis de Mauvissière］结伴赴英，1583年到1585年是在伦敦度过的。他曾在牛津大学进行过一场辩论，发表一些演讲。他的态度和他的争辩性的攻击引起大学教授们的反感。但是他与菲利普·西德尼爵士［Sir Phillp Sidney］以及其他一些有教养的英国人保持着友好的关系。在英国的这段时期特别值得注意，因为他在伦敦以意大利文出版了他的一些最著名的著作。

布鲁诺和他的保护人一起回到巴黎，1586年他在巴黎大学的一个学院里进行了一场反对亚里士多德的激烈辩论，引起了很大的骚动，使他不得不离开那里。布鲁诺到了马堡，然后又到威丁堡，在威丁堡的大学里讲授了两年亚里士多德的逻辑学，并成为一个路德主义者，他在告别演讲中称赞了路德。然后他又到布拉格和赫尔姆施泰特［Helmstedt］，并在那里的大学里讲课。1590年到了法兰克福。他在法兰克福的逗留也十分重要，因为，这个城市曾经是，现在也仍是国际图书贸易中心，布鲁诺在这里出版了他的拉丁文诗集（1591年），这部诗集是继意大利文对话录之后出版的最重要著作。

在法兰克福时，布鲁诺接受了威尼斯贵族佐凡尼·摩彻尼哥〔Giovanni Mocenigo〕的邀请。在帕多瓦做了短暂的逗留之后，他回到了威尼斯作为摩彻尼哥的客人和家庭教师住在他的家里。不久之后，摩彻尼哥向宗教裁判所告发了他，1592年他被逮捕。布鲁诺试图表示放弃个人意见，但是在1593年1月还是被关进罗马监狱，经受审讯许多年。经过最初的犹豫之后，布鲁诺坚定地拒绝放弃自己的哲学观点。1600年2月他被判处死刑，被活活烧死在鲜花广场〔Campo di Fiori〕。19世纪，人们在那里为他建立了一座纪念碑。

布鲁诺的可怕结局，使他的同时代人和后代人大为震惊。他在审讯中表现出来的坚强不屈值得我们深深敬佩，人所具有的弱点在他身上表现纵然突出，也无法与他坚强不屈的行为相提并论。认为凡是坚持被宗教或政治当局看来是错误观点的人都应受到惩罚和处以死刑这种看法，乃是任何懂得尊重人的尊严和自由的有思想的人所不能容忍的。尽管布鲁诺受到的悲惨处治以及构成这种行动基础的错误观念，绝非像一些历史家要我们相信的那样只限于布鲁诺所属的教会或他的那个时代。布鲁诺之死，使他成为一个殉难者，但这绝不像长期来人们所认为的那样，他是近代科学的殉难者，相反，乃是他的信念和哲学思想自由的殉难者。审讯他的记录没有完整地保存下来，但是一些有关的资料已经发表，最近有一些很重要的资料也已出现，根据这些材料，我们对关于指控他的性质和内容比以前知道得更加清楚了。现在已确证，布鲁诺之接受哥白尼的体系，只不过构成了对他起诉的颇为大量的罪状之一，这些罪状包括一系列哲学上和神学上的意见以及据说是亵渎神圣和违反教会纪律的许多具体事例。[1]

布鲁诺现存的著作数量庞大，内容也丰富多彩。他的意大利文著作生前就已全部出版，这些著作除了我们将在后面讨论的哲学对话录，还包括一部喜剧和若干讽刺小品。他的文体生动而华丽，偶尔也有点过分雕琢和模糊难解。他的数量更大的拉丁文作品中的一部分只是在19世纪才出版，而其余的最近才为人所知，其中包括不少重要的哲理诗以及论文，还有一些反映他的次要兴趣的著作：数学、巫术、记忆术和所谓的鲁尔术［Lullian art］。

记忆术是从古代修辞学的一部分中发展出来的，在中世纪和文艺复兴时期，这是一个颇受重视加以培育的学科，对许多涉及这一课题的论文，一些学者最近才开始研究，似乎值得更进一步加以探讨。[2]在这一时期学者和事务人员并不能像今天这样大量地依靠索引和参考书，而人们把迅速掌握知识和资料看作不仅是判断演说和辩论而且也是许多专业活动的才干的必要标准。在这种情况下，为了加强人的记忆力而努力设计出一些强化人的记忆力的系统方法，便有着很重大的实际意义了。

鲁尔术是以它的发明者，14世纪卡塔兰的哲学家雷蒙·鲁尔［Ramon Lull］命名的。它是以许多简单的词和命题为基础的一般的知识结构。鲁尔断言，通过适当的结合方法，鲁尔术就可以

1　A. Mercati，"Il sommario del processo di Giordano Bruno"（梵蒂冈，1942年版），第55–119页；参见我在*Journal of the History of Ideas*，VIII（1947年版，第240页）中的说明。大量的指责中，只有一种涉及了世界的多样性（第82–97节，第79–83页），只有一种谈到世界的永恒性（第101–109节，第84–85页），地球是运动的只是作为一种指责提到（第256节，第117页）。

2　Helga Hajdu，*Das mnemotechnische Schrifttum des Mittelalters*（维也纳，1936年版）；L. Volkmann，"Ars memorativa"，载*Jahrbuch der Kunsthistorischen Sammlungen in Wien*（美国，1929年版，第111–200页）；还可见Paolo Rossi，*Clavis Universalis: Arti mnemoniche e logica combinatoria da Lullo a Leibniz*（米兰，1960年版）；F. A. Yates，*Giordano Bruno and the Hermetic Tradition*（伦敦和芝加哥，1964年版）。

导致发现并论证所有其他的知识。这种方法用字母、数字和其他符号举例加以说明，这些符号代表基本概念和这些概念的结合。[3]鲁尔术引起了许多思想家和学者直至莱布尼兹的兴趣。且不论它的成就如何，至少从它的主张上看，显然是现代符号逻辑的先驱。布鲁诺认为记忆术和鲁尔术不仅是他的理智好奇心的课题，而且是他谋生的手段，他似乎主要用这两种技艺来指导他的私人学生。人们对布鲁诺这方面的著作了解较少，直到近几年才开始对它进行详细研究。

布鲁诺的思想显示出许多真正具有独创性的特征，但同时他也受惠于各种各样思想的影响。尽管他既反对语法学家又反对烦琐哲学家，但是他在很大程度上受惠于他所受到的人文主义教育以及亚里士多德式和学院的训练。构成他的《论英雄气概》这部名著中心的英雄之爱的学说，则从费奇诺那里获益匪浅。最近人们认为，这部著作属于柏拉图式的爱的专论的文化传统和理性传统，这种专论在16世纪的思想和文学中占有相当大的地盘。[4]布鲁诺的形而上学受普罗提诺和库萨奴斯［Cusanus］的影响很大，而他的宇宙论则以卢克莱修和哥白尼的看法为基础。

许多历史学家发现在布鲁诺的思想中有着严重的不连贯，有些学者曾试图根据年代先后不同来对此加以说明，假定他的哲学思想是经历了某种发展。我并不排除这样一个发展，但我倾向于认为，从他意大利文的对话录起，他的基本见解没有变化。他的一些模棱两可、摇摆不定和逻辑矛盾等，也就是这种见解中所固有的现象。在布鲁诺已发表的著作中至少有一个不太清楚的重要

3　见以上Rossi和Yates的研究。
4　见John C. Nelson, *Renaissance Theory of Love*（纽约，1958年版）。

之点，由于最近发现他晚年的资料而真相大白。[5]

布鲁诺的名著《论英雄气概》中包含他的一些主要的伦理学学说。其中一组对话占去很大篇幅。这里有对布鲁诺和其他人的一系列诗歌的译述和解释，还有关于大量象征的箴言和题铭，其中时断时续地表现了一些主要的哲学观点。在对一些关于柏拉图化的爱的论著的共同主题做一种自由发挥时，布鲁诺以英雄的爱和激情反对粗俗的爱。英雄的爱有着神圣的目标，它引导灵魂逐步地从感觉世界开始，经过理智的对象而趋向上帝。[6]与上帝相统一，这是我们的意志和理性的最高和无限的目标，这个目标在现世生活中是达不到的。因此，对于哲学家来说，英雄的爱乃是一种持续不断的折磨。[7]但是这种爱必将从死后达到的最终目标中获得一种固有的崇高和尊严。布鲁诺强调伴随着现世生活不能实现英雄的爱而来的痛苦。这一点使他的理论与以往大多数作家对于这个题目的看法区分开来。这也可以解释，他为什么选择把更高的爱称为英雄的爱而不称为神圣的爱。

布鲁诺在《论原因、本原和一》这一对话录中讨论了自己的一些基本的形而上学思想，表达了他的思想中的更为核心的部分。他从这样一个基本概念出发，即认为必须把上帝看成是一个实体，上帝的作用只是偶然事件。[8]这与传统的亚里士多德的实体概念完全相反。按照亚里士多德的实体概念，实体一词总是适用于个别的可感知的物体，而这些物体的持久的或瞬息即逝的

5　Mercati的著作，第254节，第114页。在这里布鲁诺认为，人的灵魂来自上帝，又回归上帝。

6　第一部分，对话三（载G. Gentile编辑的《关于道德的对话》，巴里，1908年版，第332-346页；P. H. Michel编辑的《英雄的激情》，巴黎，1954年版，第177-199页）。

7　对话四（G. Gentile编辑本，第347-366页；P. H. Michel编辑本，第205-237页）。

8　《关于形而上学的对话》[*Dialoghi metafisici*]，G. Gentile编辑（巴里，1925年版），第176页；S. Greenberg英译，收在他的《布鲁诺论无限》[*The Infinite in Giordano Bruno*]，纽约，1950年版），第109页。

属性，都被称为偶然性。而布鲁诺则认为只存在一种实体，即上帝，远非实体的所有的个别物体则变成偶然事件，即单一实体的瞬息即逝的表现形式。这个概念在许多方面同斯宾诺莎的概念相似，人们经常断言，斯宾诺莎的这个基本概念应归因于布鲁诺，尽管似乎没有确凿的证据证明斯宾诺莎熟悉布鲁诺的思想和著作。

布鲁诺继续说道，为了认识上帝，我们就必须认识他的映象，即自然。为此布鲁诺进而把四因说用于说明宇宙，而亚里士多德和他的学派只把四因说当作在理解具体物体或现象的尝试中起作用的因素。布鲁诺发展了亚里士多德著作中一些偶然的论点，把四因划分成两组。就原因一词的更为精确的意义，他把其中一组叫作原因，而把另一组叫作本原。形式因和质料因是本原，因为它们是在其结果之内的，而动力因和终极因是在它们的结果之外的。[9] 然后他又把世界的动力因与宇宙的智慧等同起来，这个宇宙智慧是世界灵魂的最高的能力。[10] 在这里他吸取了柏拉图的概念。我们没有证据表明他把世界灵魂或世界智慧与上帝等同起来。相反，他明确地把这种世界智慧与神圣的智慧区别开来，说它本身就包含着自然的全部形式和种类，正像我们的智慧本身包含着它的所有的概念一样。这个世界智慧像一位内在的艺术家，从质料中创造出所有物质的形式，这些形式是从它自己的内在的种类得出的映象。[11] 另一方面，世界的终极因，只不过是它自身的完善。[12]

9　《关于形而上学的对话》，G. Gentile编辑本，第177–178页（Greenberg英译本，第110–111页）。参见亚里士多德的《形而上学》，XII4，1070 b22–23。

10　同上书，第179页（英译本，第111页）。

11　同上书，第179–181页（英译本，第112–113页）。

12　同上书，第182页（英译本，第114页）。

自然的本源，即内在的组成成分是形式和质料。[13] 从名称上看，它们与亚里士多德的形式因和质料因是一致的，而事实上却是根据柏拉图的方法构想的。布鲁诺断言，只要每种形式都是由一个灵魂产生出来的，那么在一定程度上，形式与灵魂就是一致的。因为世界灵魂赋予万事万物以生命，而无论在任何地方，灵魂和精神都弥漫于所有的物质之中。因此可以说，正像质料组成世界的物质的本源一样，世界灵魂则组成了世界的形式的本原。所以，世界不过是以各种不同形式出现的一种永恒的精神实体而已。

由此可见，形式和质料既是永恒的实体又是本原，彼此相互决定，而由形式和质料构成的物体却是不经久的，绝不能被看成是实体，而只能被看成是偶然事件。[14] 布鲁诺似乎认为，具体事物只是两种宇宙本原变化渗透的结果，而他的哲学的根本困难也就在于这一富有启发性和有创见性观点。

布鲁诺接着说，形式和质料、现实和潜能，在上帝之中是统一的。[15] 在一个好像是对他自己先前看法的重要修正中，他说，在宇宙中也只存在一种本原，它既是形式的又是物质的，因而就其实体上看，宇宙仅仅是一。[16] 据说，这个"一"本原，以它的两个方面构成了全部有形和无形的存在。[17] 在这里，布鲁诺似乎仿效阿维塞布龙［Avicebron］的所谓宇宙的形式质料不可分的理论［hylemorphism］，阿维塞布龙也用形式和质料组成了所有非形体的存在。[18] 这一陈述还暴露了另一个基本的歧义，这种歧

13　《关于形而上学的对话》，G. Gentile编辑本，第181–194页（S. Greenberg英译本，第113–122页）。

14　同上书，第204页（英译本，第128页）。

15　同上书，第222页（英译本，第141页）。

16　同上书，第223页（英译本，第142页）。

17　同上书，第224页（英译本，第142页）。

18　同上第232页（英译本，第148页）。

义是布鲁诺从库萨奴斯和其他早期哲学家那里承袭下来的，他一直没有能完全地加以克服，至少在他的这一著作中是这样。这就是说，布鲁诺在讲到自然和宇宙时，似乎首先是从物理的宇宙来考虑的，但同时他又把除了上帝的所有非形体的存在也包括在宇宙之中。在讲到质料时，他坚持质料不仅仅是消极的，而是把所有的形式包含于自身之内的，这样他就采用了阿威罗伊的理论，并且背离了亚里士多德和普罗提诺，后者认为质料是纯粹的潜能。[19]

为了把宇宙与包含形式和质料的实体等同起来，布鲁诺说，宇宙是一和无限，是存在，是真和一，而所有具体的事物都仅仅是偶然现象，是必定要毁灭的。[20]世界上没有多种实体，而只有单一实体的多种表现形式。事物的杂多是由我们的感觉把握的表面现象，而我们的思维却能够超越这种表面现象，把握唯一的实体，所有表面的对立共存于这一实体之中。[21]这种实体即是真和善，它既是质料又是形式，在实体中，现实性和潜能彼此已没有什么差别。在这样的说明中，宇宙和上帝的差别似乎消失了，但在一个重要段落中，布鲁诺区分了两种宇宙，一种是为哲学家所了解的物理的宇宙，另一种是神学家相信的原型的宇宙。[22]

这样，布鲁诺向我们展示了一种给人以深刻印象的、有创见的关于实在的见解，但是如果我们比较一下对话中的各种各样的陈述，就会发现一些根本的、含糊不清的地方。布鲁诺认为，形式和质料显然都是宇宙的本原，但他有时把它们看成是截然不同的，而有时却看成是同一的，或者甚至看成是同一本原的两个方

19　《关于形而上学的对话》，G. Gentile编辑本，第239页（S. Greenberg英译本，第153页）。
20　同上书，第247–253页（英译本，第160–164页）。
21　同上书，第256页（英译本，第166页）。
22　同上书，第254页（英译本，第165页）。

面。他有时把物理的宇宙和形而上学的宇宙看成是同一的，而有时则区分得很清楚。他有时把宇宙看成是上帝的映象，并与上帝截然不同，而有时这种差别又似乎消失了。

　　布鲁诺的学生试图用各种各样的方法克服这些困难。有些人强调某套陈述比其他陈述重要，把布鲁诺塑造成一位柏拉图主义的形而上学家，或是一位彻头彻尾的泛神论者。承认他的著作中有些地方确实含糊不清的人，则时常认为布鲁诺的真正见解是极端的泛神论，那些二元论的陈述，不过是他对流行观点或潜在的检查者或批判者所做的让步。另外还有些人认为，泛神论是他逐步采纳这种见解的逻辑结果，那些二元论的陈述只代表他的早期思想的残余。这最后一种意见似乎是我们上述各种意见中最有理的。不过，我更倾向于认为，布鲁诺的见解并不能完全用这些二元对立来说明，他非常愿意承认这种两难推论，即接受作为一种自相矛盾和一种近似的两端，而不希望采取某种较为极端的见解。毫无疑问，把布鲁诺同他最喜爱的思想家普罗提诺和库萨奴斯相比较，他朝泛神论或内在论的概念的方向确是更迈进了一步。但对于认为他想成为极端的泛神论者或自然神论者的这一看法，我则深表怀疑。在最后的陈述中，他试图说明，个别的心灵是普遍的心灵的具体的表现形式，正像特殊的物体是普遍的质料的表现形式一样。[23] 这一陈述对他的其他著作是个值得欢迎的补充，因为在这些著作中并没有这样清楚地讲述这种特殊的学说。这也说明，他的见解与许多解释者愿意承认的相比，更加接近库萨奴斯，接近他在对话录中的二元论的论述。

　　在布鲁诺《论无限、宇宙和众多世界》这部对话录中阐发的物理的宇宙的概念与他的形而上学相比，其兴味和历史意义

23　见注释5。

并不亚于后者。在这部著作中，布鲁诺再次陈述了哥白尼的宇宙体系，第一次赋予它以哲学的意义。[24] 他主要强调的是宇宙作为整体是无限的，而反对认为宇宙包含无数有限世界的看法。像宇宙的无限的概念一样，把宇宙和世界相区别，这在哥白尼那里是根本找不到的，而是从卢克莱修那里借用来的。[25] 我们现在知道，在16世纪，托玛斯·迪杰斯〔Digges〕先于布鲁诺断定了物理的宇宙的无限性，但是不能肯定布鲁诺已经熟悉这位前人的著作。[26] 我们还可以对比一下帕特里齐的观点，他假定了一个围绕着我们有限世界的无限的外在虚空。布鲁诺认为，存在着许多像我们的世界一样的世界，我们的世界之外的宇宙并不是虚空。此外，与帕特里齐不同，他是依照哥白尼的体系设想我们的世界和太阳系的。他进一步主张，宇宙的这种无限不能通过感官来感知，而只能通过理性的判断揭示出来。[27] 这样，他就从伊壁鸠鲁和特勒肖的感觉论恢复到德谟克利特的观点。

　　布鲁诺认为，无限的宇宙是无限的上帝的映象。[28] 在这里，他至少把上帝和宇宙清楚地区别开来，可以把他的见解与库萨奴斯的见解对比一下。库萨奴斯只把真正的无限留给上帝，而布鲁诺则利用宇宙和上帝的关系作为前者无限的一个论据。既然上帝是无限的，那么宇宙也必定是无限的，尽管这是从不同的意义上讲的。[29]

　　帕特里齐和其他人认为，星球不是附着在坚硬不变的许多天

24　A. Koyré, *From the Closed World to the Infinite Universe*（纽约，1958年版），第35–54页。

25　同上书，第33页。

26　同上书，第35–39页。

27　《关于形而上学的对话》，G. Gentile编辑本，第288–289页；Dorothy W. Singer英译，收在她的《布鲁诺的生平和思想》〔*Giordano Bruno: His Life and Thought*〕，纽约，1950年版），第250–251页。

28　同上书，第294页（第251页）。

29　同上书，第298页（第261–262页）。

体上，而是在无限的空间中自由移动。但是根据新柏拉图主义的传统和为大多数中世纪亚里士多德主义者所采纳的观点，布鲁诺把星球运动的原因归之于它们内在的本源或灵魂。[30]地球也是处于运动之中的，那么也可以把它看作是诸星球中的一个。[31]唯有作为整体的宇宙是静止不动的，而包含在它之内的所有的世界都在运动。作为整体的宇宙没有绝对的中心，也没有绝对的方向。这就是说，我们不能在一种绝对的意义上谈论向上或向下的方向。用一个特定物体向其运动的宇宙的各部分作为参照，那么重与轻也就仅有相对的意义。[32]布鲁诺的这个观点可以说是具有半亚里士多德的特征。就是说，布鲁诺在否定存在绝对的中心时，他重复了库萨奴斯的公式，并以卢克莱修的意见加以解释。在否定有绝对的方向这一点上，他追随原子论者反对亚里士多德；但是在保持一个相对的方向上、最重要的是在保持重和轻之间的区别上，他仍然迷信亚里士多德的物理学。

　　布鲁诺认为，个别的星球通过原子的流入流出不断地发生变化，同时又由一些内在的和外在的力量来保持自己的不变。[33]流入流出的概念也是以原子论为基础的，星球经受着变化这个概念是他与亚里士多德宇宙论的另一重要的分歧。亚里士多德的宇宙论认为，与尘世的物体相区别的天上的物体是不变的和不能毁灭的。而内在的力量似乎是新柏拉图主义的，而不是原子论的概念。布鲁诺知道，恒星离我们的距离都不一样，因此他抛弃了恒星的单一天体的传统概念。[34]他认为整个宇宙都充满着以太，甚

30　《关于形而上学的对话》，G. Gentile编辑本，第338–339页（Dorothy W. Singer英译，第302页）。

31　同上书，第349–351页（第311–313页）。

32　同上书，第371–379，406–407页（第330–339，366–367页）。

33　同上书，第373页；参见第349–351，371–372页（第332页；参见第311–313，330–331页）。

34　同上书，第368页，参见第340页（第328页，参见第303–304页）。

至在所谓星球之间虚空的空间中也是如此。[35]宇宙中的所有星球可划分为两大组，他称之为诸太阳和诸地球。前者主要的要素是火，后者是水。[36]我们的地球像个星球，当从外面看它时，它像其他星球一样发光。[37]布鲁诺还假设，在我们居住的世界之外的各种各样的世界上也有居民居住。[38]他否定原始的天体的存在，从而驳斥传统的亚里士多德宇宙论的另一个基本概念，而把那种自然等级的概念叫作纯粹想象的产物。[39]

　　布鲁诺的宇宙论非常富有启迪性，在许多方面预言了事实上被现代物理学和天文学发展了的宇宙概念。他不仅是第一个采纳哥白尼体系的大哲学家，而且还是勇敢地摈弃那些认为事物有天上和尘世之分，自然界也有等级等由来已久的观念之最早思想家之一。由于他意识到自己观点之新颖，他对亚里士多德和他的追随者毫不宽容，向他们发起了一系列的论战。事实上，布鲁诺仍保留着亚里士多德物理学的一些残余，我们不应该夸大这一点，无论如何这本应是我们意料中的事。另一方面，强调他是近代科学和哲学的先驱而不是建立者，这一点是对的。他并未意识到数学和经验观察在近代科学中将起的作用，没能提出一种可以对他的主张加以检验或论证的精确方法。他的优点和他的局限性在于：事实上，他通过自己的直觉和想象力，预见到了许多思想，这些思想与后来几个世纪以更加坚实得多的证据为基础所采纳和发展起来的那些思想极为相似。我们越是倾向于颂扬在科学中与经验观察以及逻辑推理的作用相平行的想象力的作用，就越能认

35　《关于形而上学的对话》，G. Gentile编辑本，第338页（Dorothy W. Singer英译，第302页）。

36　同上书，第352和362页，参见第338–340页（第314、323页，参见第302–304页）。

37　同上书，第345–347页（第308–309页）。

38　同上书，第343和362页（第306、323页）。

39　同上书，第351–352页和第361页（第313–314页、第322页）。

识到像布鲁诺这样的思想家所做贡献的真正价值。

布鲁诺对以后几个世纪的影响难以估量。由于他被定罪和悲惨的结局，使得所有天主教学者不能公开阅读和引证他的著作，甚至在新教国家，他的著作的流行在很长时期里也颇为有限。但在布鲁诺被定罪以前很久，伽利略可能已读过他的著作。在论及地球在宇宙中的位置时，伽利略和布鲁诺的某些段落极为相似，这毕竟不可能是一种偶然的巧合。我还倾向于把布鲁诺和斯宾诺莎联系起来，因为他们两人之把上帝与具体事物的关系看作实体与偶然事物的关系的概念，太相似、太异乎寻常了，根本不能看成仅仅是偶然的巧合。且不说两人许多其他的不同之处，斯宾诺莎用他从笛卡儿的体系中获得的关于思想和外延的属性取代布鲁诺的形式（或灵魂）和质料这两个基本的本原（这两个本原源出于新柏拉图主义，如果你愿意的话，也可以说是来自于亚里士多德主义），这一点，恐怕是十分自然的。对于布鲁诺的一些拉丁文著作中阐发的单子论是否可能对莱布尼兹产生过影响，我无法讨论。

我们现在已相当简要地论述了八位被挑选出来的文艺复兴时期的哲学家。他们恰巧都是意大利人，人数虽然不多，但却代表了有关的众多的哲学家，这些哲学家仅活跃于我们已试图包括的那三个世纪中的意大利。我希望这种选择能有代表性，能够不仅代表了意大利，而且代表了欧洲的文艺复兴时期的思想。我们未能讨论的许多思想家都持有不同的观点，或者说各种各样不同观点的综合。但是我相信，他们在其中从事研究工作的一般思想气候以及他们所关心的主要问题大体上是相同的，因为我们已试图描绘的那些学派——人文主义、柏拉图主义、亚里士多德主义和新自然哲学——或多或少地包括了当时意大利和欧洲其他国家的思想家。我没有谈到爱拉斯谟或莫尔，斐微斯或蒙台涅，这并不意味着我认为他们不重要。我的选择面不能不比较狭窄，这种选择是受我自己的学术兴趣、好奇心和知识的限制所决定的。

如果我们在概述的结论中试图对文艺复兴时期的思想给以后几个世纪也包括我们的时代留下的文化遗产做一估价，用一两句话是说不清楚的。只有对这种遗产从各方面分开来谈，分别讨论我们曾经讨论的不同思潮，才是比较好的办法。文艺复兴时期的人文主义是一个复杂的运动，对学术和文学，对道德思想和哲学都有很大的冲击。作为一种学术运动，它对古典主义的传播和古典教育或人文学科教育的兴起，起着很重要的作用。这种人文学科的教育开始于15世纪，差不多一直延续到20世纪初。人文主义者也开始系统阐述和运用哲学的和历史的学术研究方法和技巧，以后这些方法得到了发展和完善，并应用于其他许多学科，但是没有发生什么根本性的改变。我们作为历史学和文学的学者，甚至在作为哲学史家或科学史家时，都必须把人文主义者看作是我们专业上的先驱。在文学上，人文主义主要是与新拉丁文学改革相联系的，这种改革在语言、文体和韵律上，导致了一种更为显著的古典纯洁性，复兴了许多古代的学科。现在这一成就已经过时了，因而常常被低估，但是一直到18世纪，这一成就仍有相当的重要性。人文主义对意大利本国语的文学影响比较间接，但是我们认为还是比较重要的。在介绍古典的主题和古典学科方面，在追求语言和文体表达的更加简洁方面，人们是能够感觉到它的作用的。

在哲学领域里，除了亚里士多德、西塞罗、塞涅卡、波依修斯和普罗克鲁斯，如果我们能接近古典哲学家，如果能够读到柏拉图、普罗提诺、爱比克泰德、伊壁鸠鲁、卢克莱修、塞克斯都·恩披里可的著作，甚至阿弗洛底西亚的亚历山大的很多著作，这都是受惠于人文主义者的贡献。我们不再受经院哲学论据的限制（或者至少是直到若干年前我们不再受此限制），我们不但可以在注释和质询中，而且还可以在文章、论文、书籍和专题论著中表达我们的思想——为此我们应该感谢这些人文主义者。

换句话说，在学术、文学和哲学中，文艺复兴时期的人文主义给西方世界带来了大量的世俗知识和文献，这些东西既不是宗教的，也不是科学的或专业的，既不反宗教也不反科学，但在教育、写作和思维方面，却与宗教和专业训练一起占有广阔而独立的地位。人文主义的知识比起中世纪相当贫乏的大学文科远为丰富，它是我们赞之为人文学科的源泉，它是我们认为其有日益广泛的影响的东西，它不仅仅是所谓普及教育或闲暇消遣的内容，而且是构成我们生活和见解的综合因素之一。我发现，在学术界人文学科得到许多口头上的赞美，但在公开讨论中却根本不提这些人文学科，当讨论超出纯粹实用事务时，似乎给我们的印象只是在科学与宗教之间做索然乏味的二者择一。有人认为，除政治制度以外，我们的遗产不过是科学方法和犹太—基督教传统，好像我们没有从希腊哲学或者从古代、中世纪和近代早期文明的其他方面承受什么，或者好像非常复杂和庞杂的"犹太—基督教传统"本身也没有从希腊哲学那里获得许多重要内容。最富有思想并精通宗教和神学的研究者都十分愿意承认这一点。当我听到和读到上述观点时，感到十分惊讶和失望。当我遇到这种普遍存在的问题时，我开始感到疑惑，我们的人文学科的遗产，我们的历史学的和语言学的研究是否超出学术追求的范围，是否包含严肃的哲学含义，为了使我们贫乏枯竭的教育和文化制度不致落到不可收拾的地步，现在是应该把这些哲学含义加以发挥并公之于众的时候了。

文艺复兴时期的柏拉图主义在它的一些方面与人文主义结成了同盟。这使我们易于了解柏拉图和其他柏拉图主义者的著作。它恢复或者保持了柏拉图主义传统的活力，它像其他许多哲学一样，在西方思想界有被看成是永恒哲学〔philosophia perennis〕的权利，而且它在柏拉图主义的历史上代表了一个更重要的阶段。在它的一般的倾向和一些特有的思想中，文艺复兴时期的柏拉图主义与近代哲学中的唯理主义传统和唯心主义传统有着密切的联系。在这一传统以后的许多阶段上都可以看到这种影响。这个思想学派在欧洲仍然富有生命力，尽管在最近的大约三十年中它在美国已有些过时，但在将来仍可望重新获得生命力和某些人的喜爱。

文艺复兴时期的亚里士多德主义表现了一种完全不同的态度，我们在讲到彭波那齐时已经研究过，但是这个学派在近代思想中仍很重要。它在哲学与神学之间做了更加清楚的区分，但没有采取纯粹自然主义或反宗教的立场，它为西方思想中后来的这样的运动铺平了道路。

最后，文艺复兴时期的自然哲学家，在他们构造新体系的卓越的、部分地是创造性的尝试方面，成为近代思辨哲学的先驱。自然科学和其他科学的稳步而卓有成效的进步完全没有消灭这种哲学，而是培育了这种哲学。

但愿我们仓促的概述也已说明（不是证明）了在开始时我就试图表明的东西。就是说，文艺复兴时期的哲学思想大大有助于为该时期的艺术、文学和其他文化现象提供一个知识的背景。事实上，在最近几十年，从事艺术和文学研究的历史学家已经做了大量的工作，他们在文艺复兴时期的艺术肖像背后，在文艺复兴时期诗歌的意象和思想的背后，发现了哲学的根源。这些研究远远尚未完成，研究结果的可靠性往往千差万别。但已经提出的一些例子和已得到的结论是令人信服的，其他的一些至少也有研究的价值。我们已经学会更准确地去理解波提切利〔Botticelli〕和米开朗琪罗的作品，去研读马洛甚至莎士比亚的著作，因为我们现在了解到，他们的一些想象和思想不只是含糊不清的装饰品，而是当时流行的思想的具体表达，我们对这些著作和作品的欣赏似乎并不会受到这种见解的损害。对那些想阅读和解释文艺复兴时期思想家著作的哲学史家来说，能够这样为他们的文学史家和艺术史家同人服务，这确实是一种鼓舞，而且几乎也是一种责任。

　　文艺复兴时期的哲学在西方思想史上的作用是另一个重要的方面。古代的和17世纪的伟大思想家在哲学上的重要性是毫无疑问的；12、13世纪和14世纪早期的中世纪哲学家的重要意义在最近50到80年中已日益得到承认。在某种意义上可以说，13世纪的思想与17世纪的思想是相似的，因为它们都以文体之非常统一和紧凑代表着一种坚实的知识成就。而介于这两世纪之间的那一时期的思想却缺乏这样的统一和紧凑。它是一个酝酿的时期，在这个时期人们吸收许多新资料，提出和检验许多新的思想或者旧思想的新结合。如果我们希望懂得17世纪的哲学为什么与13世纪的哲学如此不同，为什么能够从一种哲学转变为另一种哲学，我们就必须研究介于那两个世纪之间的那几个世纪的知识的发展。正是文艺复兴时期的思想——通过它的多样的甚至是杂乱无章的努力——造成了中世纪哲学的逐步瓦解，并为近代哲学的兴起铺平了道路；正是文艺复兴时期的思想，说明了在资料和文学风格上，在专门术语和研究的课题上，一个世纪与另一个世纪的不同，如果它没有在方法及解答方面表明这两个世纪之间的不同的话。对于那些对哲学史亦有学术上的好奇心的研究哲学的人来说，这种发展特别有吸引力：这个课题还没有得到很多的探索。发现新的原著，阅读甚至是在许多世纪后才第一次印刷的原著，用可以凭这些资料来做印证的更为正确的阐述和解释来取代那些传统的但却是错误的东西，这种机会本身就颇有魅力。

除了文艺复兴时期的哲学对后来几个世纪的思想及对该时代文明能够产生的影响，除了它在西方哲学的历史进化中占据的地位，我很想强调一下研究这个课题以及研究整个哲学史对于研究哲学的人的内在意义。这种看法的正确性不仅为我们这种在时间上的旅行（就像到其他国家的旅行那样）对我们的头脑所造成的日益广泛的结果所证明，而且为它能向我们提供在流行思想之外的不同选择这一点所证明，也为它能帮助我们以适当的视野来看待我们自己习惯的思维模式这件事所证明。这种看法之所以正确，还在于以下这一点：任何真正的思想体系正像任何严肃的艺术作品一样，都体现出一种特定的、独一无二的本质，对于它，在我们能对之分析批判之前是应该先加以沉思和吸取的。这样一种思想具有永恒性质，所以，也许皮科终究是正确的，他主张每一种哲学都代表我们所追求的普遍真理的一个方面，或者包含了其中的一个部分。我们每个人只能认识普遍真理的一个部分，或者充其量也不过是几个方面。

附录：文艺复兴人文主义的中世纪前提

　　讨论文艺复兴的中世纪前提或背景，或者讨论文艺复兴的任何现象，似乎易于给予那些研究中世纪的史学家以帮助和安慰，这些史学家认为，在传统上与文艺复兴密切联系的每个方面也可以在中世纪找到，或者至少是，文艺复兴每一有价值的事情基本上都是中世纪的。我认为这种看法是站不住脚的。如果我们想坚持在中世纪与文艺复兴时期之间没有突然的断裂，而有一种连续性，那么我们还必须懂得，这种连续性并不是一种稳定的延续，而是充满了大量的逐渐的转变和累积的创新。倘若情况不是这样，我们就不可能理解17世纪的世界为什么看起来与14世纪如此的不同。

　　这种改变部分地是由于连续几代的变化造成的（研究历史变化原因的理论家一般忽视了这一因素），部分地是由于一些众所周知而无须专门评述的重要事件造成的，例如，印刷术的发明、美洲的发现和宗教改革运动。风格和时尚持续的变化不仅使整个文艺复兴时期，也使其中的许多较短时期具有了它们特殊的外观。虽然欧洲每个国家每个地区都对整个中世纪和文艺复兴时期的共同文明做出了自己特有的贡献，虽然这种文明在许多方面是普遍的或国际性的，但是一个有重要意义的事实是：在中世纪，就像在17世纪和18世纪一样，西方大部分思想运动和文化运动的策源地是在法国，而在1350年到1600年期间，意大利则居于同样的领导地位。最后，如果我们要寻找某种有重要意义的文艺复兴发展的中世纪前提，我们就应认识到，这些前提不是到中世纪思想史的最著名的和人们最常研究的方面去找，而是到那些较小和次要的方面去找，这些方面在它们当时的具体情况下似乎并不重要，但是作为一些观念、一些思维模式的苗头却有着特殊的意义，它们只是在以后才变得完全成熟的——就像随着浪峰涌起的海水不是来自前面的浪峰，而是来自间歇的波谷。因此像经常所做的那样，把中世纪经院主义与文艺复兴人文主义加以对比是很容易的。但是我认为，从前者产生出后者是完全不可能的。假如我们要寻找文艺复兴人文主义的中世纪的来源和前提，我们就必须设法找到像中世纪的人文主义这种东西。为此目的，给人文主义这个词以某种任意的或匹克威克式[1]的含义，并且像许多著名历史学家近来所做的那样，把伟大的经院神学家圣托马斯·阿奎那叫作中世纪人文主义者或基督教人文主义者或真正的人文主义者，是完全不够的。我们应该设法了解的，不是根据现代的标准看来什么应该是人文主义，而是应设法了解，文艺复兴人文主义事实上是什么，然后再提出这一完全合理的问题：文艺复兴人文主义这种特殊现象是否有任何中世纪的前提，而这些前提又是什么。

要了解文艺复兴人文主义或者给它下一个令人满意的定义，并不像我们希望的那样容易。当然，我们一开始就应抛弃人文主义这个词的当代的见解，它以相当混乱的方式表示任何对人的价值和人的问题的强调。近来许多关于文艺复兴人文主义的讨论，

1　PickwicMan，匹克威克是狄更斯的作品《匹克威克外传》中的主人公，这里是指词语上有特殊或专门意义的事物。——译者

有意或无意地都是在现代的意义或色彩上使用这个词，以致造成很多混乱。即使我们避开这个陷阱，困难仍然很大。近几年来，有关文艺复兴人文主义的意义的争论，几乎像关于文艺复兴本身的争论一样，既复杂又混乱。有些历史学家把文艺复兴人文主义与某些政治上、神学上或哲学上的观念联系在一起，他们谈论市民人文主义、基督教人文主义或宗教人文主义，或者把这个词加以扩展，直至包括文艺复兴时期产生的全部世俗思想和哲学。另一些人追随19世纪的传统，认为文艺复兴人文主义的首要贡献在古典学术或文学发展方面。使问题更加复杂化的是，人们把文艺复兴人文主义与异教、与新教、与天主教联系起来，结果，人们争论起人文主义是被新教和天主教改革运动所取代了呢，还是由于这些事件而变得面目全非，或者仍以它原来的形式流传下来。

　　这些观点的大部分，虽然彼此不相调和并常遭到批判，但似乎包含某些真理内核。在这里不能对此加以充分讨论，但是我将试图提出我自己的看法。我曾设法找到一个公式，以便对文艺复兴人文主义的大部分方面和大部分成就——假如不是全部的话——做出公正的评判，同时尽可能真实地弄清文艺复兴本身对人文主义者这个词的理解。因为"人文主义"这个词是19世纪早期创始的，而人文主义者［humanista］这个词却追溯到15世纪后期，并在16世纪已被通用。这个时期的文献表明，毫无疑问，文艺复兴后期所理解的人文主义者是指从事人文学科［studia humanitatis］的教师和学生。因为人文学科这个词比人文主义者这个词古老，后者来自前者。在古罗马作家如西塞罗和格利乌斯的著作中出现过人文学科这个词，14世纪的学者如萨卢塔提等就从他们那里把这个词接过来。在这种古代的用法中，人文学科代表一种高等普通教育，即代表一种与绅士地位相称的文学教育。

在15世纪，人文学科获得了比较精确和专门的意义，这一词出现在大学和学院的文件中以及图书馆的分类表中。人文学科规定包括五个科目——语法、修辞、诗歌、历史和道德哲学。换言之，用文艺复兴的话来说，人文主义者是这些学科的职业代表，我们主要应该根据人文主义者的职业理想、思想兴趣和文学作品来理解文艺复兴时期的人文主义。确实，许多文艺复兴的人文主义者怀有做一个多才多艺的有教养的人的理想。人文主义者斐微斯根据人文主义者的而不是经院哲学的原则，设计出学问的百科全书。确实，许多人文主义者或受过人文主义教育的学者，除人文学科外，对其他科目也有浓厚的兴趣，并对这些学科做出过重要贡献。但是，重要的是要认识到，人文主义者的专门领域是一个有明确规定的、有限的研究领域，它包括某种学科群，而排除别的学科群。

文艺复兴从中世纪后期继承了高度系统化、专门化了的一大批知识。任何有能力的研究者能够很容易掌握整个世俗知识的七艺时代很早就已经过去了。在11和12世纪，知识极快地增长起来，从阿拉伯文和希腊文翻译过来的科学和哲学原著大量问世，13世纪大学中高级教育兴起，自此以后，七艺就为大量专业化的学科所取代。这些学科已不能为同样一些人来掌握了。它们因此而发展了各自的独特传统：神学、罗马法和宗教法规、医学、数学、天文学和占星术、逻辑学和自然哲学，最后还有语法和修辞学。

知识的这种组成方式是中世纪后期的特征，虽然经过许多变化和补充，它仍是文艺复兴期间教育的主脉。换言之，如果我们要理解那些不属于人文学科的专门学科的历史，我们就必须从这些领域的中世纪传统背景中来研究文艺复兴时期神学、法学、医学、数学、逻辑学和自然哲学。虽然部分地在人文主义的影响下，部分地由于其他的原因，所有这些学科在文艺复兴时期都发生了一些重要变化。因而文艺复兴时期的亚里士多德逻辑学和自然哲学是与中世纪的经院哲学的亚里士多德主义联系在一起的，上述其他学科的情况也是如此。反之亦然，如果我们在文艺复兴中来寻找中世纪亚里士多德逻辑学或物理学的延续情况，就必须研究文艺复兴的亚里士多德主义——对此至今尚未得到充分的研究。科学史家宣称，文艺复兴人文主义在一两个世纪中阻碍了科学进步，这个评论完全不中肯。这似乎是说，文学批评或存在主义哲学家阻碍了20世纪的科学进步。文艺复兴和中世纪后期一样，是复杂多样的、各种不同思想兴趣和传统相互竞争的时期，除非我们坚决地从他们在这一相互联系、协调的思想系统中所处的地位出发，我们是不能正确地理解任何思想家或运动的。

因此，我愿确认，文艺复兴人文主义常常偶然地，而并非是主要地或一贯地涉及神学或思辨哲学、法律或自然科学，所以不能把文艺复兴人文主义同这些其他学科的中世纪传统密切地联系起来。它基本上属于专门知识的另一个流派或分支。我们必须设法了解人文学科研究的主要内容是什么，然后我们才能问它的中世纪前提是什么的问题。

我们已经列出了人文学科五个科目的名称，但是应该解释一下当时人们所理解的那些专门术语的特殊含义，因为这些术语常常和我们现时通常的用法不一样。讲授的第一个科目是语法，像现在一样，它包括支配语言的使用的形式规则。此外，它还包括拉丁文的语法基础，这是学生为学习所有其他学科而必须学习的首要的工具，因为拉丁文不仅是教会的语言，而且仍然是学术和大学教育的语言，是国际交谈和通信的语言。因此，对任何职业人员来言，不仅能读拉丁文而且能写和说拉丁语这一点是非常重要的。此外，从古典的古代以来，与自己的学生一起阅读被公认为优秀的罗马诗人的诗歌和散文作品，一直是语法教师的任务。14世纪以来，诗歌研究开始与语法分开，语法渐渐局限在更为初级的层次。我们根据许多文件知道，研究诗歌显然有双重目的：教会学生阅读和理解古典拉丁文诗歌，同时学会写拉丁文诗歌。这两个任务几乎不可分开，因为写作拉丁文诗歌的能力需要通过对拉丁文范本的精细研究、模仿而发展起来。换言之，人文主义对诗歌的这两个方面研究都与本国的语言的诗歌无关，人文主义对诗歌和诗人的概念，与我们所熟悉的那些浪漫主义的和现代的美学理论以及文学批评的观念远为不同。当彼特拉克被挂上丘比特神庙［Capitol］的诗人这顶桂冠时，我们必须按照这种人文主义的诗的概念去理解这一事件，就像我们从彼特拉克在那个场所做的演说以及所得到的证书可以了解到的那样。对于人文主义者来说，诗的概念——像我们曾试图做出解释的——是非常重要的。15世纪在人义主义者这个词被创造出来以前，人文主义者通常被称为诗人，虽然按现代的标准，他们许多人几乎名不副实。这个概念也许会有助于我们理解为什么为诗歌辩护——这是早期人文主义文学喜爱的一个题目——包括了为整个人文主义知识辩护。

　　人文主义者重视对修辞学或演讲术的研究不亚于对诗歌的研究，在人文主义者这个词使用之前，人文主义者常常就是指演说家，或者是既指诗人又指演说家。从某种意义上看，研究修辞学就是研究散文文学，以区别于诗歌研究，研究修辞学也就是以时尚的模拟方式来阅读和解释古代拉丁文散文作者的作品，并通过模仿古代的范本练习和写作拉丁文文章。在研究修辞学时，特别着重于散文文学的两个分支——书信和演讲——这两个分支比任何一类诗歌实际上都更为重要和有着更为广泛的应用。

在文艺复兴时期像在其他时期一样，书信不仅是个人交流的工具，也是为其他各种各样目的服务的一种文学体裁，如新闻报告、政治宣言或消息，在学术方面、哲学方面或其他知识学科方面的短论也都是用书信形式。人文主义者就是受过专门训练善于写作的人，当他不打算成为他那个学科的大学或学院的教师时，他能选择的一般的、最有利的事业就是成为共和国或城邦的掌厅官，或者成为王侯或其他显赫人物的秘书。在这些职位上，他的主要任务是充当私人或官方书信的代笔者。他的服务受到高度重视，因为他以适合时代要求的风格撰写这些书信，这有助于保持他的主人在文化上和社会上的威望。

演讲这种文学体裁几乎具有同样的实践的重要性。历史学家常说，人文主义者撰写他们的演讲，是为了满足他们自己的虚荣心，因此强迫他们的听众去听他们本不愿听的冗长的演讲。这种看法十分错误，虽然我不想否认人文主义者有虚荣的倾向。文献表明，文艺复兴时期，尤其在15世纪的意大利，公共演讲是一种受人们欢迎的娱乐形式，可以与当时或其他时代的音乐或戏剧表演以及诗歌朗诵所起的作用媲美。此外，意大利社会提供了各种不同的场合，在那些场合公共演讲是节目单上所必需的组成部分。显赫人物的葬礼或婚礼、地方行政官的就职典礼或欢迎著名的外宾等这样一些公共仪式，新学年或一组讲座的开始，授予学位等这样一些大学活动都需要演讲，很明显，这儿提到的不过是最一般场合中的少数几个。因此有这种情况毫不奇怪：尚存的人文主义的演讲稿数量很大，而这只不过是实际所写的和所发表的一小部分。再者，人文主义者也是专门受过讲话训练的人，是社会上所需要的写演讲稿的人，这些演讲有些是为自己写的，有些是为别人写的。因而，人们认为人文主义的掌厅官和秘书乃是为他们的主人或雇主写演讲稿和书信的，因为一位大使在开始履行自己的使命时通常要以自己政府的名义发表公开演讲，所以我们经常发现人文主义者即使不是当首席大使，至少也是当这个使团的一名随员。

人文学科中第四个科目是历史，它在传统上就一直与演讲术有联系，文艺复兴时期它通常也被当作演讲的一部分讲授。古代历史学家属于学院中所研究的那些备受欢迎的散文作家，而模仿的实际目的又与研究原著相联系。王侯、政府、城邦让人文主义者为它们写历史已成为惯例，官方的历史编纂者的工作经常与掌厅官或修辞学教师的工作结合在一起。15世纪中期以后，外国的王侯们也模仿这种实践，我们发现许多意大利人文主义者担任外国国王的官方的传记作者或历史学家，有时也担任他们的秘书。

人文学科第五个也是最后一个分支是道德哲学，在某种意义上它是最重要的，而且又属于哲学的领域。除了作为学者和作家，正是人文主义者对于道德哲学的兴趣，他们才在哲学史上获得了他们的地位。因为人文主义者的许多著作没有涉及哲学，而且文艺复兴的许多哲学思想，像我们已经说明的那样，与人文主义领域并不沾边。所以，我不愿意像有些学者试图做的那样，把人文主义与文艺复兴哲学等同起来。从彼特拉克时代起，人文主义者宣称他们是道德哲学家，他们当中有些人事实上一方面是作为修辞学和诗歌的教授，一方面则当上了大学的道德哲学教授。

当人文主义受到心胸狭隘的神学家的攻击而奋起保卫自己的研究时，他们强调自己对道德和人的问题的关注，主张要为青年人提供一种道德的和智力上的训练，这一主张也表达在人文学科

［studia humanitatis］这个雄心勃勃的字眼上。因此，毫不足怪，在人文主义对历史和古代文学的研究中有着一种强烈的道德调子，并且可以看到人文主义者的演讲和其他作品都用道德箴言加以点缀。不过，人文主义这一方面主要是表现在论述各种各样题目的大量道德论文和对话录中。有一些文章论幸福或至善——作为古代哲学家伦理体系的回声，有一些则论具体的美德、罪恶和激情。其他一些著作讨论王侯、地方行政官或市民的义务，论述特殊职业的义务和妇女以及婚后生活的义务。（其他受欢迎的题目有：儿童教育，崇高的起源，各种艺术、科学和职业的相对优点，积极的和沉思的生活的相对优点，人的尊严以及运气、命运和自由意志的关系。）

这些论文中表现的观点非常有创见、饶有兴趣并且具有历史的重要性。按照人文主义者的兴趣看来，博学和文字优雅与系统阐发精确的观念至少受到同样的关注。个人对当时生活的见解和观察与对古代哲学理论的复述或重申混合在一起。在参考古代思想方面，他们的倾向是相当折中的，人文主义者总是或多或少随意地借用许多作家和学派的观点。不过他们也有复活和改写某些作家或学派主张的有意义的尝试。甚至亚里士多德——人文主义者从经院哲学家那里把他接受过来，并把他放在不同的背景中来加以考察——也有他的赞颂者和捍卫者。柏拉图、新柏拉图主义者、斯多葛哲学家、伊壁鸠鲁主义者和怀疑论者的道德思想则受到更为广泛的讨论和更为经常的赞同，这在前几个世纪是不可能的。因此人文主义的学术活动——即使它没有产生系统的思想体系——在道德思想领域产生了一种发酵作用，提供了大量的世俗观念，它影响了后来几个世纪，绝不像人们经常相信的那样，这些观念在宗教改革运动中被淘汰了。

　　到此为止，我们已设法观察了人文学科的始末，并根据我们在人文主义者的职业活动和文学作品的表现中所看到的情况，确定了文艺复兴人文主义的知识范围。我希望这已表明，这些活动的结果表现了对这整个时期甚至对人文主义研究之外的领域产生了冲击的那些智力兴趣的一种特殊而独一无二的结合。对道德问题和人的问题的关心，对雄辩和诗歌的文学理想，对作为必不可少的模仿范本的古典作家的学术研究，所有这些因素都在人文主义者的著作中结合在一起，以致通常很难把它们一一分清。我们已经讨论了主要是研究拉丁文经典著作的人文主义者的古典研究。现在我们必须对文艺复兴时期希腊文研究的作用和发展补充几句。

　　希腊文在文艺复兴人文主义中的地位与拉丁文的地位多少有些不同。所以会有关于文艺复兴古典学术成就的一些互相冲突的主张，是因为学者们不是注重于当时的拉丁文学术成就就是注重于希腊文的学术成就。拉丁文，作为一种有生命力的学术的和文学的语言，毕竟是从中世纪继承下来的。在中世纪，对拉丁文语法的研究和对至少是一些罗马古典作家的著作的阅读，自古代以来就从未中断过。结果是，人文主义者在拉丁文研究领域中带来的革新也许似乎不太彻底，虽然如果低估他们的巨大贡献将是错误的。他们的贡献有：设法改革拉丁文的书面用法，把它从"野蛮的"惯用法中纯化出来，使其尽量接近于古代的古典用法；大量增加了古代罗马原著，使当时的人们得以阅读和研究，并加以注释、誊写和刊印；以丰富多彩的体裁，大量创作新拉丁文的诗歌和散文文学，这些文学作品在当时以及一直到18世纪都极为成功，并有非常大的影响。

　　在希腊文研究领域，则几乎完全没有这些中世纪的前提。

在整个中世纪，希腊文教育在西方任何地方都没有延续和保持下来，除了仍然讲希腊语的意大利南部和西西里这些地区，西方的图书馆里几乎没有希腊文的书籍。懂希腊文的学者为数不多。在11世纪到14世纪早期，从希腊文译成拉丁文的原著要么是关于神学的，要么是局限于那些显然是受阿拉伯人影响的希腊文化领域，即科学和伪科学、亚里士多德哲学和一些新柏拉图主义的哲学。所以，人文主义在希腊文研究领域所做的贡献比在拉丁文研究领域所做的贡献要深刻得多，但只是在我们可以称之为文艺复兴人文主义的第二个阶段才可觉察到这一点。其结果就是希腊文教育被引入西方的大学和中学，逐渐地开始了对整个古希腊文献的传播、研究、翻译和解释。现代西方学者不仅熟悉了希腊的科学著作或亚里士多德的著作，而且也熟悉了其他的希腊哲学家、诗人、演说家和历史学家，甚至还熟悉了大部分希腊早期基督教会领袖的文献。中世纪确实知道维吉尔和奥维德、西塞罗和亚里士多德；但我们之所以还知道卢克莱修、塔西佗、荷马和索福克勒斯、柏拉图和普罗提诺，这却应归功于文艺复兴人文主义。

尽管这些贡献对于希腊文作品的学术研究来说是很重要的，但在对拉丁文作品的学术研究中，则没有什么创造性的影响。甚至在文艺复兴时期，懂希腊文的人也比懂拉丁文的人少，而懂希腊文又懂拉丁文的人则更少。结果，希腊文著作的广泛传播是靠拉丁文译本或两种语言（希腊文和拉丁文）编辑本，而不是靠它们的原本来完成的。此外，西方人文主义者用希腊文写作是极罕见的，随着君士坦丁堡1453年的陷落，用希腊文通信的实际需要几乎消失了。这样，对希腊语言和文学的研究从一开始就比拉丁文带有更多的纯粹学术的特征。这种研究缺乏广泛的实践方面的和文学方面的意义，而这正是数百年来的拉丁语言和文学研究所始终具备的。

　　根据我以上所述，将很容易理解，当我说，人文主义者的创作充满着种种有意义的思想，但并不存在单一的哲学或神学思想，更不必说任何成体系的思想，这对所有文艺复兴人文主义者都是适用的。当无论什么时候我们在某个人文主义者的著作中看到了某个有趣的见解，那么，我们也必须准备在别的人文主义者那里，或者在同一个人文主义者的某个别的段落中看到与已看到的那个见解恰恰相反的观点。此外，人文主义文献的很大一片领域是与哲学史完全无关的：例如，人文主义者的诗歌和历史编纂学，他们的翻译和注释以及他们的很多演讲。因此近来解释市民人文主义或基督教人文主义的一切尝试，对于特定的一组人文主义者可能是合适的，但无助于我们理解整个人文主义运动。因为大量人文主义文献不是关于市民的，而是关于专制暴君的，或者说是与政治思想无关的。它们不是关于基督教的，而是与宗教主题无关的。人文学科的研究已经职业化了，就像法学、医学、数学、逻辑学和自然哲学在某个时候已经职业化一样。除了明显地涉及宗教或神学主题的那些人文主义的作品，说人文主义文献是基督教的只是在以下意义上讲的，即它们是由基督教徒写的——就像吉尔松主张的那样，托马斯·阿奎那不是基督教哲学家，而是基督教神学家和亚里士多德主义哲学家。在作这些陈述时，我并不愿意隐含有这样的意思，即如人们常说的那样，文艺复兴人文主义在某种意义上是异教的或者反基督教的。人文主义者并不站在自己的立场上来反对宗教和神学；毋宁说，它创造了大量的与神学和宗教共存的世俗学问、文学和思想。

　　我已尽量客观地描绘文艺复兴人文主义，现在我将试图回答它的中世纪前提是什么的问题。在某种程度上，这一答案在我以上的论述中已经蕴含着，但我将设法更明确地把答案加以系统地阐述。我认为，对文艺复兴人文主义的产生做出贡献的基本上有三个中世纪传统：中世纪意大利的口授技术［ars dictaminis］；对语法、诗歌和古典罗马作家的研究——这一研究在中世纪法国的学校中已经进行；对古典希腊语言、文学和哲学的研究——在拜占庭帝国人们一直从事这一研究。

口授技术是写信的理论和实践，在中世纪教育和学术中占有重要的地位，至少在11世纪中期以后是如此。正像要借助于规则和范本来教会公证人用正确的形式起草契约和法律文件一样，也需要借助于改编的古代修辞学规则和杜撰的或以当时著名样本为基础的范本来使教皇和主教的、王侯和城邦的秘书或大法官学会起草公函和商务信件。这个问题的实践方面凭着把这些信件的内容或目的加以分类就可以满足的，但在这里也产生了对措辞和写作的文体标准的关注。这种关注也扩及私下的和个人的通信中，也许是因为甚至在上流阶层中文盲都很普遍，受过训练的"口授者"常常受人之邀或为赚钱而去替别人写情书或个人信件。由于口授技术在实践上十分重要，它在许多学校中有取代修辞学的趋势，这一古代科目涉及面比较宽，但也比较抽象和理论化。

在欧洲许多国家可以找到口授技术发展的痕迹。大量源于德国、西班牙，尤其是法国的与它相关的文学作品一直被保存下来了。不过，在这个领域以及在医学、法律领域，中世纪的意大利获得并保持了一种异常重要的地位，这种地位应归功于与意大利毗邻的罗马教廷，归功于城邦共和国的兴起，归功于口授与日益兴盛的法律研究的联系。在13世纪，由于增补了另一种相关的研究——宣讲技术［ars arengandi］，口授的范围和重要性扩大了。宣讲技术这种研究的目的也是要借助于规则和范本来教授撰写公共演讲。这种世俗雄辩术的技能的发展只有意大利才有，这显然与城邦共和国的公共生活、形形色色的政府和大学团体的发展着的习惯和制度密切相关。从13世纪开始，出现了日益增多的演讲范本和规则，就在这种文学中——它最初是贫乏的、地位低下的——我们已发现形成人文主义者演讲特点的大部分体裁：婚丧演讲、大使演讲、公共演讲和毕业演讲。这一文学在文艺复兴人文主义产生之前已有所发展，有一些演讲在人文主义运动出现之后仍以中世纪的模式继续了一段时间。但我必须做出这样的结论：人文主义者，至少在他们工作的某些重要方面，乃是中世纪口授者的后继者。他们继承了与这些职业有关的两种文学体裁——书信和演讲，这两种体裁在实践上仍然极为重要。

　　然而，中世纪掌厅官的书信和演讲虽然就其写作的场合与目的来说与人文主义者相似，但两者的风格和措辞却十分不同。前者几乎完全缺乏那些人文主义者特别引为自豪的东西——古典的优雅和博学。倘若我们要寻找人文主义者对古典拉丁文学研究的中世纪来源的话，我们就不得不转向另一个方向。对拉丁语法的初级学习和少量古典作家的作品的阅读，当然构成意大利和其他地方中世纪学校教育的基本核心。然而，对拉丁文诗歌和散文作家的比较高级的研究以及在写作诗歌和散文时努力模仿这些作家，这些一直是北方学校自加洛林王朝时代以来的特长，尤其是法国天主教学校的特长。直到12世纪，甚至到13世纪，学校的文献、图书的目录、拉丁文古典作品的注释以及拉丁文诗歌习作——亦即是说，我们全部的证据——都指向北方的同一方向。但是，随着在13世纪中经院主义的兴起和巴黎大学的创立，古典的和文学的研究开始在法国衰落。就在13世纪末，古典的和文学的研究开始在意大利出现，到那时为止，它们在那里从未十分兴盛过。自那时起，意大利不断地产生了与日俱增的古典手稿和注释以及由于模仿古典范本而启发产生的拉丁文诗歌和散文。同时，诗歌和罗马的古典作品的教授也日益稳步地进入意大利大学的课程表，并且在中等教育中的比重也日益增加。当这种刚刚从法国输入的诗歌的研究与中世纪意大利的刻板的修辞、书信、演讲传统结合并嫁接于其上时，文艺复兴人文主义带着自己的许多特征就出现在舞台上了。这发生在14世纪初期——如果不说早于这个时间的话，与帕多瓦的穆萨托·阿尔伯第诺和波洛尼亚的乔万尼·德·维吉利奥同时。彼特拉克不是人文主义之父，也不是第一个人文主义者，而不过是在他一代以前即已开始的这一运动的第一位伟大代表。

文艺复兴人文主义要达到完全成熟，尚需另外一个因素——对希腊文的研究。14世纪大多数意大利人文主义者几乎不懂或根本不懂希腊文，几乎也不讲授希腊文。值得一提的是，无论彼特拉克还是萨卢塔提都不懂希腊语，他们的知识完全依靠拉丁文资料或拉丁文译本可以利用的希腊作品。对希腊文最初的朴素的研究大约开始于1360年，当时薄伽丘安排列奥第乌斯·皮拉图斯开几节希腊文公共课和把《荷马史诗》译成拉丁文。著名的拜占庭学者马尼埃尔·克里索罗拉斯的研究活动比较重要，14世纪末他曾在佛罗伦萨大学和意大利其他大学任教。15世纪以来，希腊文教育或多或少不断地进入许多意大利大学，15世纪中期以后，希腊文研究开始传播到别的西方国家。希腊文最早的教师有的是君士坦丁堡陷落以前很久就进入意大利的拜占庭学者，在那个灾难性事件之后他们的人数剧增，还有的是在拜占庭的教授指导下在君士坦丁堡学习过的意大利学者，例如古亚里诺和菲列尔福。所有这些学者把希腊古典手稿的全部藏书带到了西方，帮助在西方的许多学校建立了希腊学术中心，这些中心持续了若干世纪，间或持续到今天。

这样，我们可以毫不夸张地说，文艺复兴人文主义者的希腊学术——这构成了他们贡献的一个重要部分——在某种程度上可以说是拜占庭中世纪的一份遗产。因为，在希腊东部整个中世纪或多或少地保持着希腊古典学术的传统。但他们讲的语言却远离古希腊语，就像罗曼语背离拉丁语一样，然而人们仍然讲授、阅读古典希腊文，并用古典希腊文写作。荷马、柏拉图和其他古典作家的作品被人传抄、阅读和注释，从而这些作品就被保存下来了。这种传统对西方文艺复兴时期学术研究的冲击至今还没有得到充分探讨。但是，为西方学生出版的最早的希腊语法书却是拜占庭学者或者是在君士坦丁堡受过教育的意大利学者写的。在学校中阅读希腊作家的选集和片断并为学生们出版这些著述，这似乎是反映了拜占庭的习俗。拜占庭课程表的范围——其中，总是把亚里士多德、柏拉图与诗人放在一起研究，把哲学与语法和修辞学放在一起研究（比较忽视对逻辑学和自然哲学的研究）——与整套的人文学科研究相似，而与西方中世纪的和文艺复兴时期的大学的完备而详尽的课程表不同。

我曾试图尽量简要地表明，要在经院哲学和神学的传统中发现文艺复兴人文主义的中世纪前提是不可能的（有些历史学家曾试图在那里找到它们），相反，却应在处于中世纪文明的习惯画面的边缘位置上的其他三个传统中去找到它们。这三个传统是：意大利的实用修辞学、法国的语法和诗歌以及拜占庭的希腊学术。在对中世纪的研究中，这三个传统中的任何一个大概都应得到比它有时曾得到的更多的注意和重视。

然而，我并不希望给人以这样的印象：由于文艺复兴人文主义受惠于这些中世纪的前提，它就不过是中世纪的"口授"或法国的语法，再就是拜占庭的学术。甚至当我们单独涉及一个传统的不同阶段时，较后的阶段也总是包含着新的不同的特征，这些特征完全不能归结为它们的前提——这个事实很容易被忘记。大多数现代历史学家总是倾向于仅仅研究某一发展的开始阶段，而忽视它的延续及较后的阶段。我们这儿的具体例子就是这样一个事实：三个不同潮流的汇合意味着合流比它的支流远为广阔和丰富得多，而这一合流最终与其支流是十分不同的。

这些做出贡献的来源确实在某种程度上说明了文艺复兴人文主义的一般模式，但是它们不说明人文主义的文化产品的实在价值和性质，不说明紧随其后流行的形形色色的古典形式和观念的特殊影响，也不说明在这个一般的框架中产生和发展起来的那些新的观念。这些来源不说明为什么人文学科在文艺复兴时期获得崇高地位和威信，不说明人文学科为什么对文艺复兴文明的所有方面——艺术和文学、哲学、科学及所有其他知识分支，如宗教和神学、道德思想和道德实践、政治思想和政治实践——产生多种多样的影响。但是，这些来源结合在一起，确实说明了文艺复兴人文主义在其中得以发展的一般框架；甚至说明了人文主义一些局限性，例如，说明了为什么它没能推翻和取代经院主义的和大学学术研究的精致结构，正是这点使许多历史学家惊讶不已。因为人文主义仅仅是补充和修改了人文学科以外的中世纪的学科传统，只有在这种意义上，人文主义才标志着在神学和法学、思辨哲学以及自然科学的历史上的一个崭新阶段。

保罗·奥斯卡·克利斯特勒的著作书目

本书目根据克利斯特勒的新作《人文主义和文艺复兴》一书德文版所附的著作书目译出。

——译者

1.《柏拉图伦理学中的灵魂概念》，图宾根1929年德文版，108页。

2.《费奇诺著作增补：M.费奇诺的佛罗伦萨的未编辑和未发表的著作全集》，佛罗伦萨1937年意大利文版，二卷本，CLXXXII／142／384页。

3.《费奇诺的哲学》，纽约哥伦比亚大学出版社1943年英文版，441页。（意大利文：佛罗伦萨1953年版，XIX／492页；德文：法兰克福1972年，XI／452页。）

4.《文艺复兴时期的人的哲学》，E.卡西尔，P.O.克利斯特勒和小J.H.兰德尔合编，芝加哥大学1948年英文版，405页。

5.《文艺复兴时期意大利的大学》，克雷菲尔德1953年德文版，30页。

6.《古典思想和文艺复兴思想》，哈佛大学出版社1955年英文版，106页。

7.《文艺复兴时期思想和书信研究》，罗马1956年英文版，XVI／680页。

8.《译文和注释目录，中世纪和文艺复兴时期拉丁文译文和注释》，P. O. 克利斯特勒编，第1卷，华盛顿美国天主教大学1960年英文版，XXIII／249页；第1卷，华盛顿美国天主教大学1971年英文版。

9.《1600年以前的拉丁文著作手稿：已出版的图书目录和未发表的现存收藏品目录的清单》，纽约福德姆大学1960年英文版，XII／234页。

10.《文艺复兴时期的思想：古典的、经院主义的和人文主义的世系》，纽约1961年英文版，XI／173页。

11.《文艺复兴时期的亚里士多德传统》，帕多瓦1962年意大利文版，38页。

12.《意大利和其他图书馆中未编目的或编目不全的文艺复兴人文主义的手稿图书目录查书单》，第1卷，意大利和伦敦1963年版，XXVIII／533页；第2卷，意大利和伦敦1967年版，XV／736页。

13.《意大利文艺复兴时期八个哲学家》，斯坦福大学出版社1964年英文版，XIII／194页。（意大利文：Mailand／Neapel，1970年版，X／195页；西班牙文：墨西哥1970年版，223页。）

14.《文艺复兴时期的思想·第2卷：论人文主义和艺术》，纽约1965年英文版，X／234页。

15.《文艺复兴思想的古典传统》，佛罗伦萨1965年意大利文版，X／199页。

16.《托马斯主义和文艺复兴时期的意大利思想》，蒙特利尔1967年法文版，291页。

17.《文艺复兴时期的哲学和中世纪传统》，拉特罗布1966年英文版，X／120页。

18.《意大利人文主义及其重要性》，巴塞尔1969年德文版，35页。

19.《文艺复兴时期人的概念和其他几篇论文》，纽约1932年英文版，VIII／183页。

20.《文艺复兴学问的中世纪成分》，E. P. 马奥尼主编和英译，杜克大学出版社1974年版，XII／175页。

21.《人文主义和文艺复兴·第1卷：古代和中世纪来源》，慕尼黑1974年德文版，259页。

22.《人文主义和文艺复兴·第2卷：哲学、文化和艺术》，慕尼黑1975年德文版，346页。

图书在版编目（ＣＩＰ）数据

意大利文艺复兴时期八个哲学家 / (美) 保罗·奥斯卡·克利斯特勒著；姚鹏，陶建平译. — 南宁：广西美术出版社，2017.4

书名原文：Eight Philosophers of the Italian Renaissance

ISBN 978-7-5494-1745-2

Ⅰ. ①意… Ⅱ. ①保… ②姚… ③陶… Ⅲ. ①哲学家—生平事迹—意大利—中世纪 Ⅳ. ①K835.465.1

中国版本图书馆CIP数据核字（2017）第080950号

EIGHT PHILOSOPHERS OF THE ITALIAN RENAISSANCE by Paul Oskar Kristeller published in English by Stanford University Press.

意大利文艺复兴时期八个哲学家

著　　者：［美］保罗·奥斯卡·克利斯特勒
译　　者：姚　鹏　陶建平
策划编辑：冯　波
责任编辑：谢　赫
版权编辑：韦丽华
封面设计：陈　欢
排版制作：李　冰
责任校对：肖丽新
审　　读：马　琳
责任印制：凌庆国
出版发行：广西美术出版社
地　　址：广西南宁市望园路9号（邮编：530023）
网　　址：www.gxfinearts.com
印　　刷：深圳当纳利印刷有限公司
开　　本：787 mm × 1092 mm　1/32
印　　张：5.75
字　　数：136千
出版日期：2017年8月第1版第1次印刷
书　　号：ISBN 978-7-5494-1745-2
定　　价：48.00元